Pierre Milliez

Mystères et merveilles

**Les quatre images divines de Jésus et Marie
Le feu sacré de la Résurrection
La mobilité de maison de l'incarnation**

Du même auteur aux éditions Books on Demand (BOD.fr)

Témoignage
J'ai expérimenté Dieu

Études
La Résurrection au risque de la Science (Etude scientifique de la résurrection de Jésus, à partir de la Bible et des 5 linges, du Linceul de Turin au voile de Manoppello)

Pièces à conviction du Messie d'Israël, ou étude des reliques de Jésus

Les miracles eucharistiques, signes de la Résurrection

Marie, la sainte de Dieu, de la bible aux dogmes

Mystères et merveilles (Images divines – Feu sacré signe de la Résurrection – Mobilité de la maison de l'Incarnation de Nazareth)

Jésus au fil des jours (Tome I/III de la promesse à l'an 27 – Tome II/III de l'an 28 à juin 29 – Tome III/III de juin 29 à l'an 30)

La somme existentielle (Tome I/III Le mystère de Dieu – Tome II/III Le mystère de l'homme – Tome III/III La divinisation de l'homme)

Conte poétique et philosophique
Le petit d'homme
L'élu

Roman
Le signe de Dieu

Recueil poétique
Aux trois amours

© 2023, Pierre Milliez
Édition : BoD – Books on Demand, info@bod.fr
Impression : BoD – Books on Demand, In de
Tarpen 42, Norderstedt (Allemagne)
Impression à la demande

ISBN : 978-2-3220-1240-4
Dépôt légal : Janvier 2023

« **Exclure le Christ de l'Histoire des Hommes,
est un crime contre l'Humanité** »
Jean-Paul II en 1979 en Pologne

Photos de couverture
Les deux images non faites de main d'homme de Marie
- Visage de Notre Dame de Las Lajas
- Visage de Notre Dame de Guadalupe

Les deux images non faites de main d'homme de Jésus
- Visage du Linceul de Turin
- Visage du Voile de Manoppello

Origine des extraits de la Sainte Bible, parole de Dieu : Traduction d'après les textes originaux par le chanoine A. CRAMPON Société de Saint Jean l'Evangéliste Desclée et Co., Tournai 1939

Introduction

Mystères et Merveilles

Une image acheiropoïète (grec : αχειροποίητα ; latin : non hominis manu picta ; littéralement : non fait de main d'homme) est une image dont l'origine est inexpliquée.

C'est un mystère car nous ne savons pas comment s'est réalisée l'image. C'est une merveille car nous avons deux images de Jésus-Christ et deux images de Marie sa mère.

Les images de Jésus sont le Linceul de Turin avec l'image du corps de Jésus mort et le Voile de Manoppello avec l'image du visage de Jésus ressuscité. Les images de Marie sont Notre-Dame de Guadalupe et Notre-Dame de Las Lajas.

En France nous avons la Vierge processionnaire Notre-Dame des Miracles, statue acheiropoïète, gardée à l'église Saint-Nicolas de Saint-Maur-des-Fossés dans le Val-de-Marne et le Christ de Sierck-les-Bains, image acheiropoïète, au nord-est de Thionville.

Le Saint Feu témoigne de la Résurrection de Jeudi. Quasiment tous les samedis de Pâques, veille de la commémoration de la Résurrection du Seigneur, les torches et les cierges s'allument spontanément dans la basilique du Saint-Sépulcre de Jérusalem.

La maison de Nazareth est le lieu où Marie a donné son accord pour être la mère du Messie d'Israël par l'opération du Saint-Esprit. Le Verbe s'est fait chair en Jésus et il a habité parmi nous. Dans cette maison le Fils bien aimé de Dieu le Père s'est abaissé pour prendre notre condition humaine. Cette maison est donc sacrée et a été préservé par le temps. Elle a été déplacé plusieurs fois de façon mystérieuse et sans intervention humaine.

Sommaire

Introduction	6
1 Images acheiropoïètes de Marie	9
1.1 Notre-Dame de Guadalupe au Mexique	9
1.1.1 Histoire	9
1.1.2 Image générale	15
1.1.3 Détails de l'image	20
1.1.4 Science support	38
1.1.5 Science image	41
1.1.6 Etude scientifique des yeux	58
1.1.7 Science, personnages dans les yeux	62
1.2 Notre-Dame de Las Lajas en Colombie	73
1.2.1 Histoire	73
1.2.2 Image	79
1.2.3 Science	79
1.3 Notre-Dame de Saint Maur des Fossés France	80
1.3.1 Histoire	81
1.3.2 Statue	83
1.3.3 Science	83
2 Images acheiropoïètes de Jésus	85
2.1 Linceul de Turin	85
2.2 Voile de Manoppello	89
2.2 Christ de Sierck-les-Bains en France	92
2.2.1 Histoire	92
2.2.2 Image	93
2.2.3 Science	93
3 Trois événements : Feu, maison, escalier	95
3.1 Feu sacré, signe de la Résurrection de Jésus	95
3.1.1 Histoire basilique Saint Sépulcre Jérusalem	95
3.1.2 Phénomène	96
3.1.3 Historique saint Feu	99
3.1.4 Science	104
3.2 Maison de Marie à Nazareth	105

	3.2.1 Histoire	105
	3.2.2 Science	114
	3.2.3 Témoignage	117
3.3	Escalier de Saint Joseph à Santa Fé	118
	3.3.1 Histoire	118
	3.3.2 Science	124

Bibliographie 126

1 Images acheiropoïètes de Marie

1.1 Notre-Dame de Guadalupe au Mexique

1.1.1 Histoire

Contexte

Hernán Cortés (1485-1547) s'empare de l'empire aztèque pour le compte de Charles Quint, roi de Castille et empereur de l'empire romain germanique de 1519 à 1521. Cette conquête est l'acte fondateur de la Nouvelle Espagne dont fait partie le Mexique.

Juan Diego, le voyant de Tepeyac (1474-1548), est un indien. Il sera canonisé par le pape Jean-Paul II en juillet 2002.

Documents historiques
Sources historiques

Les premières publications sont postérieures de plus d'un siècle aux événements. Mais les écrits manuscrits les plus anciens sont presque contemporains des apparitions.

Les documents approuvés par l'Eglise lors du procès en canonisation de Juan Diego sont le Nican mopohua, le codex Escalada, les témoignages recueillis lors des informations juridiques de 1666.

Nican mopohua

Le Nican mopohua est le récit des apparitions écrit en natuatl, la langue parlée par les Indiens de la vallée de l'Anahuac (Mexico). Il est écrit vers 1545-1548 par Antonio Valeriano (1531–1605). Cet Aztèque, élève brillant du Collège franciscain de Santa Cruz de Tlatelolco, est nommé professeur à 21 ans, puis vice-recteur du collège et informateur de l'historien Fray Bernardino de Sahagún. Son manuscrit est publié pour la première fois en 1649. Des copies de l'époque de ce très précieux document se trouvent à la Bibliothèque publique de New-York, à la bibliothèque d'Espagne, à la bibliothèque nationale de France (BNF).

Codex Escalada

Le Codex Escalada est découvert durant les phases d'enquêtes de canonisation. Le parchemin a été découvert pour la première fois en 1995 et daté de l'année 1550 (environ). Ce codex 1548 est une feuille de parchemin sur laquelle ont été dessinées, à l'encre et dans le style européen, des images accompagnées d'un texte en nahuatl. Il illustre l'apparition mariale de Notre-Dame de Guadalupe à Juan Diego sur la colline de Tepeyac, au nord du centre de Mexico.

Livre dossier postulation

Fidel González Fernández, Eduardo Chávez Sánchez et José Luis Guerrero Rosado sont postulateurs pour la cause de béatification de Juan Diego. Ils font de longues recherches pendant plusieurs années pour démontrer historiquement la vérité sur la vie de Juan Diego. Ils établissent le livre-dossier (El encuentro de la Virgen de Guadalupe y Juan Diego) sur les événements vécus par le Mexique au XVIe siècle,

Récit des apparitions

Le 9 décembre 1531 l'indien chrétien Juan Diego Cuauhtlatoatzin voit une jeune dame éblouissante de lumière sur la colline de Tepeyac au nord de Mexico. La dame se présente comme la Vierge Marie. Elle le charge de demander à l'évêque élu de Mexico, Juan de Zumárraga, de faire construire une église sur le lieu de l'apparition. Le prélat est d'abord incrédule et demande à Juan d'obtenir de la Vierge Marie un signe.

Le 12 décembre la Vierge Marie se montre pour la quatrième et dernière fois à Juan Diego. Marie l'envoie cueillir des roses au sommet de la colline. L'homme en redescend tout étonné avec son manteau rempli des plus belles roses en pleine saison hivernale.

À la demande de la Vierge, il retourne voir l'évêque. Il ouvre son manteau devant l'évêque et les personnes l'accompagnant. Tous découvrent avec stupéfaction l'image de la Vierge revêtue d'un manteau étoilé et d'une robe rose ornée de fleurs.

L'apparition de la Vierge est indiquée par Antonio Valeriano dans « Nican mopohua » (textuellement « le livre qui raconte ») entre 1540 et 1560. Ce livre est écrit en langue Nahuatl.

Selon la tradition, Mgr Zumárraga installe l'image dans son oratoire. Une foule nombreuse se rend à l'évêché aussi l'image est déplacée et installée dans la cathédrale.

Victoire de Lépante
En 1571, C'est le triomphe de la Sainte Vierge, « *terrible comme une armée rangée en bataille* » (Ct. 6,10), face à son Adversaire, « *l'antique Serpent* » (Ap. 12, 9). Dès l'origine, Elle avait montré sa puissance, en menant la flotte chrétienne à la victoire de Lépante (7 oct. 1571). La chose est généralement négligée par les historiens, mais elle est d'importance, car elle constitue un témoignage capital à l'appui de l'unité d'image tout au long de l'histoire guadalupana, en même temps qu'elle achève la révélation du message du Tepeyac. Averti des périls que courait la chrétienté, l'archevêque Montufar envoie une copie de sa chère Image, après lui avoir fait toucher l'original, au roi d'Espagne Philippe II qui en fait don à Andrea Doria. Celui-ci la prit avec lui à bord du navire-amiral qui conduira la flotte chrétienne à la victoire. Par la suite, l'image demeura en possession de sa famille, jusqu'à ce que le cardinal Giuseppe Doria la donne, en 1811, à l'église San Stefano d'Aveto où les Italiens la vénèrent encore. C'est ainsi que la Vierge de Guadalupe fut étroitement associée à cette victoire qui anéantit pour longtemps la puissance navale de l'Islam, au moment de sa plus grande menace sur l'Occident, juste quarante ans après les apparitions du Tepeyac.

Sanctuaire Marial
La tradition mentionne un premier oratoire construit au pied de la colline de Tepeyac. L'indien Juan Diego Cuauhtlatoatzin s'installe à proximité dans un ermitage.

En 1567 Mgr Alonzo de Montufar fait construire une première église. En 1609 l'archevêque Mgr Juan Pérez de la Serna fait construire l'église Artesonado. La construction se termine en 1622 et l'image de Notre-Dame de Guadalupe y est installée.

En 1647, l'image est mise sous vitre pour la protéger de l'humidité et de la fumée des cierges.

En 1694, la décision est prise de construire une nouvelle église plus grande. L'église « temple expiatoire du Christ-Roi » est édifiée en

1709 et l'image de Marie y est installée le 30 avril. La relique est installée dans un reliquaire en cristal avec un cadre d'or et d'argent. L'image est placée au-dessus de l'autel, dans le cœur, sous un immense baldaquin. La place située devant l'église peut accueillir un demi-million de personnes.

En 1791, un orfèvre travaille au nettoyage du cadre en argent avec de l'acide muriatique (acide chlorhydrique). Il verse accidentellement des gouttes de la solution acide sur le côté droit supérieur de l'image. Cet acide aurait dû ronger le tissu et faire un trou mais il n'a laissé que des taches dont la marque est encore visible.

Un civil anticatholique dépose une bombe dissimulée dans un panier de fleurs sous la tilma[1] le 14 novembre 1921. La bombe explose à 10h30. Elle endommage l'autel de la basilique, les candélabres, le crucifix en bronze. La tilma reste miraculeusement indemne, l'image n'a absolument rien.

Suite à cet événement, l'image est remplacée par une copie fidèle. L'image originale est protégée dans la maison de pieux fidèles. Elle n'est ramenée dans l'église qu'en 1929.

En 1976, l'image est officiellement transférée dans la nouvelle basilique, qui vient d'être construite en remplacement de la vieille basilique. Dans la précédente basilique, l'éclairage par lampes incandescentes et fluorescentes produisait trop d'ultraviolets qui dégradaient les pigments de l'image. L'éclairage de la nouvelle église est prévu pour pallier cette problématique.

En 1982, le cadre d'or et d'argent fixé autour de l'image est retiré. Il est remplacé par un nouveau cadre en cèdre. Le cadre actuel (en bronze doré) est équipé d'une vitre pare-balle et d'un système de régulation de la température et de l'humidité.

Le sanctuaire marial de Notre-Dame de Guadalupe reçoit 20 millions de pèlerins par an. La Vierge de Guadalupe est la patronne du Mexique et des Amériques continentales.

Reconnaissance par l'Église catholique

---

[1] Vêtement chez les Aztèques constitué d'une pièce de tissu rectangulaire nouée à l'épaule, qui tient lieu de cape ou de manteau.
2 Archives pour la cause de la canonisation de Juan Diego.

En 1666, les autorités religieuses de Mexico débutent une étude sur les apparitions de 1531. Le rapport « Informaciones Juridicas de 1666 » est rédigé.

Le pape Benoît XIV approuve l'instruction du dossier. Il reconnaît les apparitions et le caractère spécifique des événements le 24 avril 1754. Dans sa bulle du 25 mai 1754, le pape Benoît XIV définit Notre-Dame de Guadalupe comme patronne du royaume de Nouvelle-Espagne. Sa fête est fixée au 12 décembre. Elle est inscrite au bréviaire avec une messe et des textes liturgiques dédiés. Le pape, au moment de rendre son arrêt en 1754, s'est exprimé avec les paroles tirées du psaume : « Non fecit taliter omni nationi ». « *Dieu n'a rien fait de semblable pour aucune autre nation.* »

Le pape Léon XIII, autorise le couronnement canonique de l'image dans la bulle du 8 février 1887. Le pape Léon XIII autorise en 1891 de nouveaux textes liturgiques. La couronne est installée sur l'image de la Vierge le 12 octobre 1895.

En 1910, le pape Pie X donne la Vierge de Guadalupe comme patronne de l'Amérique latine.

Le 16 juillet 1935, le pape Pie XI désigne Notre-Dame de Guadalupe patronne céleste des Philippines. Le 12 septembre 1942, le pape Pie XII dans sa lettre apostolique « Impositi Nobis » désigne l'Immaculé-Conception (bienheureuse Vierge Marie) comme patronne principale des îles Philippines.

Le 12 octobre 1945, Pie XII renouvelle le couronnement canonique de la Vierge et la déclare Reine et Mère pour le Mexique et l'Amérique. En 1946, il lui donne le titre de patronne des Amériques.

En 1960, le pape Jean XXIII proclame une année consacrée à Notre-Dame de Guadalupe. En 1961 le pape l'invoque en tant que Mère des Amériques, la qualifiant de Mère et enseignante de la Foi de toutes les populations américaines.

Le pape Paul VI offre une rose d'or à l'image de Notre-Dame le 25 mars 1966.

Le 26 janvier 1979, le pape Jean-Paul II se rend au sanctuaire de Guadalupe. Le 6 mai 1990 il y retourne et béatifie Juan Diego. En 1992, Jean-Paul II dédie à Notre-Dame de Guadalupe une chapelle située dans la basilique Saint Pierre de Rome. Le 22 janvier 1999 il réitère le titre de Patronne des Amériques. En 1999, le pape déclare la Vierge de

Guadalupe protectrice des enfants non encore nés.

Le pape François accorde à l'image une deuxième rose d'or le 18 novembre 2013. Il fait don d'une couronne en argent plaqué or lors de sa visite apostolique le 13 février 2016 avec gravé dessus « Mater Mea, Spec Mea » (« ma Mère et mon espoir »)

Dévotion populaire

En 1550, la nouvelle d'une guérison miraculeuse donne un brusque essor de la dévotion à l'image de la Vierge dans la chapelle de Tepeyac. La dévotion est encouragée par l'évêque Montufar qui construit une première église en 1555. À cette même période, le vice-roi Martin Enriquez se rend à Tepeyac, à son arrivée à Mexico, pour y vénérer la Vierge et son image. Après lui, tous les vice-rois et les archevêques de Mexico feront de même. Au XVIIe siècle, les autorités officielles et les notables se rendent régulièrement, et officiellement au sanctuaire marial, depuis la capitale, pour y prier et suivre les offices.

En 1571, l'amiral Giovanni Andrea Doria possédait sur son navire, une copie de l'image de la Vierge de Guadalupe. Lors de la bataille de Lépante, il aurait prié devant le tableau avant d'engager la bataille.

Dès le XVI siècle, la Vierge de Guadalupe est priée lors des inondations où un rôle spécifique lui est attribué. En 1629, l'image est amenée en procession et en barque de l'église de Tepeyac jusqu'à Mexico, pour que la Vierge protège la ville des inondations, lors d'un épisode de crue particulièrement violent. L'image de Tepeyac ayant montré son efficacité dans une situation désespérée, la Vierge de Guadalupe devint depuis cette date, la principale protectrice de la ville face à ce fléau.

Au XVIIe siècle, Le sanctuaire de Notre-Dame de Guadalupe est le principal centre de dévotion, non seulement de la ville de Mexico, mais de tous les royaumes de la Nouvelle-Espagne.

En 1737, les notables de la ville de Mexico civils et ecclésiastiques, au nom de la nation mexicaine, prêtent serment officiellement devant l'image de la Vierge, faisant de tout le peuple mexicain le serviteur de Notre-Dame de Guadalupe, demandant à la Vierge de les protéger contre les épidémies de peste.

1.1.2 Image générale

Domaine public

Image

L'image représente une fille métisse de la taille d'une enfant de 15 ans. Elle a un beau visage animé d'un beau sourire maternel. Les pommettes sont saillantes, les cheveux noirs encadrent son visage.

La jeune femme est dans une prière contemplative avec les mains jointes la tête légèrement inclinée. Elle regarde un point situé en dessous, à droite ou à gauche suivant le point de vue de l'observateur.

La Vierge de Guadalupe est debout en prière à la manière indigène, au centre de la lune.

Interprétation religieuse pour les Aztèques

L'image s'appelait mère de maguey, à l'origine de la boisson sacrée du pulque. Le pulque était également connu comme le lait de la Vierge. On voit que les rayons de lumière qui l'entourent représentent également des épines de maguey.

L'image est la seule explication de la rupture culturelle observée chez les indiens, telle que l'atteste la tradition indigène et créole. L'apparition de la Vierge et son Image merveilleuse apportent à un peuple la révélation de l'Amour miséricordieux de Dieu.

Interprétation religieuse pour les catholiques

Cette image est celle de la Vierge Marie, la femme de l'Apocalypse du Nouveau Testament (Ap. 12, 1).

Dans Apocalypse XII, c'est principalement le peuple de Dieu qui est visé, mais Jean a en même temps songé à la Vierge. La majorité des Pères, tant en Orient qu'en Occident, sont en faveur de l'interprétation collective, et non mariale d'Apocalypse XII.

L'apparition et l'image du Tepeyac permettent de confirmer l'interprétation d'Apocalype XII avec la Vierge Marie. Apocalypse XII est la véritable et fidèle Image de la Vierge apparue à Juan Diego.

Cependant elle n'est pas à proprement parler revêtue du soleil, on dirait plutôt qu'elle l'éclipse. Elle n'est pas non plus couronnée de douze étoiles, mais quarante-six étoiles brillent sur son manteau. Elle est enceinte mais ne crie pas dans les douleurs. De telles différences dans la ressemblance sont sans doute d'une haute et mystérieuse signification.

Marie, Immaculée conception

Elle est décrite comme étant une représentation de l'Immaculée Conception.

En effet, cette Femme semble mettre fin à l'antique lutte astrale, puisque le soleil l'environne, les étoiles ornent son voile et la lune la soutient en une parfaite harmonie cosmique.

D'abord, elle est entourée de nuages et semble ainsi régner sur les pluies dispensées jadis par le redoutable Tlaloc. Les récoltes pour les agriculteurs dépendent de la régularité et de l'abondance des pluies. La crainte du Dieu Tlaloc était grande car il pouvait condamner le peuple à la famine en refusant la pluie. Pour satisfaire ce dieu jaloux, on lui offrait comme victimes des enfants. On les conduisait en barque, sur la lagune, jusqu'à un tourbillon qui les engloutissait.

La Vierge Marie, elle, sans rien demander d'autre que la prière apporte déjà tous les biens du paradis terrestre de Tlaloc. Les arabesques d'or de sa tunique rose dessinent des fleurs identiques à celles qui décorent la fresque de Teotihuacan où l'on voit ce dieu affairé à préparer son paradis : « le Tlalocan ». Elle donne d'ailleurs elle-même l'exemple de la prière par ses mains jointes sur sa poitrine en une attitude de douce et confiante demande, indiquant par là qu'elle n'est pas elle-même une déesse, mais que, grâce à sa position élevée de Mère du Dieu qu'elle porte en son sein, son pouvoir d'intercession auprès de Lui ne peut être égalé par aucune créature.

Le centre de cette image est Jésus-Christ dans le sein immaculé de Marie.

Marie, Vierge

L'image de la Vierge de Guadalupe a les cheveux coupés en deux et bien peignés ce qui signifie, pour les indigènes, la virginité. En effet dans la société indigène, une femme mariée se fait une tresse spéciale avec ses cheveux et les relève sur les côtés à la manière de petites cornes.

__Mère de Dieu__

La ceinture noire, est nouée à la taille. Elle est remontée par le ventre gonflée et retombe en deux pans, sous les mains jointes. Elle est interprétée comme un signe de grossesse.

Ce détail important suffit à faire de cette dévotion le culte le plus pur de la religion mexicaine, le plus christocentrique, le plus éloigné de toute « *mariolâtrie* ». Au centre de sa *basílica*, elle est le tabernacle du Très-Haut, et en se prosternant à ses pieds, ce n'est pas elle qu'adorent ses dévots, c'est l'Enfant qu'elle porte en son sein.

Pour que nul n'en ignore, elle montre, remontée par le ventre gonflé, la ceinture à double pan qui désigne dans la statuaire votive aztèque les « *Ciuateteo* », les « *femmes divines* », mortes en couches, assimilées aux guerriers tombés au combat ou sacrifiés.

Ici, son apparition, « *du côté où le soleil se lève* », est source de vie. Elle apporte le soleil, elle est elle-même toute transfigurée par ce fardeau dont elle irradie les rayons d'or. Sur le ventre virginal, à l'emplacement même de l'Enfant, se détache une fleur à quatre pétales, symbole de la « *Fleur solaire* ».

__Co rédemptrice__

Notre céleste vision répond aussi à cette hantise, car elle porte en pendentif une autre croix, signe d'un sacrifice rédempteur qui abolit les inutiles sacrifices du temps passé, et qui apporte la renaissance attendue à Elle d'abord, mais aussi à tout un peuple régénéré.

Cette Femme qui semble monter dans le Ciel, domine de toute sa taille surhumaine non seulement les éléments du cosmos mais aussi un être dont l'expression souffrante a quelque chose de tragique ; il paraît bien évoquer la condition terrestre. D'ailleurs, il est placé sous la lune et à l'extérieur du nimbe solaire où elle habite. Mais ses ailes d'aigle annoncent sa survie bienheureuse par la vertu du mystère de mort et de résurrection, du sacrifice rédempteur, figuré par la croix que lui aussi porte en pendentif. Ainsi est-elle aussi la mère de cet homme aux traits enfantins qui semble lui faire cortège en soutenant d'un geste gracieux la traîne de son voile et le pan de sa robe.

Trône de sagesse

Le voile est couleur « quetzal », du nom de l'oiseau aux longues plumes vertes, l'oiseau précieux par excellence pour tous les Indiens du Mexique. » Ces plumes servent à fabriquer le « *penace* », diadème du « *Tlatoani* », grand prêtre ou empereur, porte-parole de la divinité.

Marie pose un pied victorieux sur la puissance maléfique de la nuit, ce croissant de lune tout noir, à qui on sacrifiait chaque année au mois « *Toxcatl* » un jeune homme qui avait vécu pendant un an comme un seigneur.

Origine du nom Sainte Marie de Guadalupe

La Vierge voulait s'appeler « Santa María de Guadalupe », un nom composé de « María » d'origine juive et de « Guadalupe » d'origine arabe.

«Marie» signifie « l'élue de Dieu », « la préférée de Dieu », « la plus belle » ou « l'illuminatrice ».

« Guadalupe », « *Wadi al Lub* » est traduisible par « rivière de gravier noir » ou « le lit de la rivière ».

La Mère de Dieu a reçu ce nom « Santa María de Guadalupe », que nous pourrions traduire par « le canal sacré du fleuve qui transporte l'Eau Vive et la vraie Lumière ». Elle n'est pas la Lumière, mais celle qui illumine à travers la Lumière. Elle n'est pas l'eau, mais celle qui mène l'eau. La lumière, c'est Jésus. L'eau vive, c'est le Saint-Esprit.

Dans son nom, « Santa María de Guadalupe », Marie unit les deux racines culturelles les plus importantes du monde, les Juifs et les Arabes.

Présentation

L'image doit être étudiée en tenant compte du contexte de la culture indienne. Il faut tenir compte des sages tlamatinimes (celui qui sait, le savant, le sage, le philosophe…). Ils savaient lire les codex mésoaméricains de l'époque préhispanique.

L'image de Sainte Marie de Guadalupe montre l'inculturation parfaite de l'Évangile. Cette merveilleuse image est incarnée dans l'humble « tilma » de Saint Juan Diego.

1.1.3 Détails de l'image

Les cheveux

Dans la société indigène, quand une femme était mariée, elle devait faire une tresse spéciale avec ses cheveux et les relever sur les côtés à la manière de «petites cornes». L'image de la Vierge de Guadalupe a les cheveux coupés en deux et bien peignés, ce qui indique pour les indigènes la virginité.

Le visage

Le visage de Marie de Guadalupe est celui d'une jeune femme de grande beauté. Elle manifeste la tendresse, la compassion, la miséricorde, la consolation et l'amour. Cette femme est importante, car elle se tient devant le soleil, marche sur la lune et s'habille avec les étoiles. Son visage est incliné en signe d'humilité et de respect. Il y a quelqu'un de plus grand (Dieu). L'inclinaison de la tête coïncide avec les mêmes degrés d'inclinaison de la terre.

Son visage est métisse, ce qui signifie qu'elle est la mère de tous les êtres humains; comme elle l'a dit à Juan Diego : « *Parce que, vraiment, je suis honorée d'être votre mère compatissante, la vôtre et celle de tous les hommes qui vivent ensemble sur cette terre, et aussi de toutes les autres lignées d'hommes variées, de ceux qui m'aiment* » (Nican *Mopohua* , v. 29 -31).

Son visage n'est ni celui d'une Espagnole, ni celui d'une indienne mais les deux. Pour cette raison, elle est affectueusement appelée la « Morenita », Mère de tous les peuples. Son nez droit et parfait. Sa bouche très belle et galbée.

Les cheveux

Les yeux

Les beaux yeux de Santa María de Guadalupe montrent miséricorde et compassion.

L'étude des yeux surprend les scientifiques. Dans ses yeux, on découvre des reflets comme dans n'importe quel œil humain, selon les lois de la science. Il y a des images reflétées dans les deux yeux de l'image de la Vierge de Guadalupe. Ces images sont cohérentes compte tenu de leurs positions différentes, de leurs proportions et de leur corrélation scientifique.

La bouche

Elle a de très belles lèvres et celle du bas a été imprimée par hasard sur un nœud de la tilma qui donne un sourire léger et tendre.

Les yeux

La bouche

Le manteau

Le manteau bleu-vert céruléenne qui couvre la Vierge de Guadalupe de la tête aux pieds. Il est plié sous le bras gauche.

Le manteau est celui d'une impératrice, car pour la culture indigène, seul l'empereur ou « *tlatoani* » pouvait le porter, bleu pour le ciel et vert pour la vie.

Ce manteau est couvert de 46 étoiles à huit branches. Celles-ci correspondent scientifiquement à l'ordre des constellations du ciel mexicain au solstice d'hiver de 1531. Le manteau représente le ciel.

La tunique de la Vierge

La vierge porte, du cou aux pieds, une robe rose saumon avec des nuances entre le marron et le cramoisi. Son pli inférieur évoque la représentation que les indigènes ont faite des couvertures dans les codex d'hommage. Les manches de la robe descendent sur les poignets laissant visibles un sous-vêtement blanc.

La robe est constellée de petits motifs en or à quatre feuilles d'or orné de vignes et de fleurs. Ces «glyphes» représentent les montagnes et l'eau et donc la terre.

Un glyphe en forme de croix est inscrit sous la ceinture de l'image. Il symbolise le cosmos et est appelé « nahui-ollin ».

La ceinture

La ceinture noire, est nouée à la taille. Elle est remontée par le ventre gonflée et retombe en deux pans, sous les mains jointes. Elle est interprétée comme un signe de grossesse.

Le manteau et la tunique

La Fleur - Colline - Cœur

Toutes ces fleurs étranges sont une accumulation de messages. Pour les Espagnols ce sont simplement des ornements, pour les indigènes c'est un message d'autant plus clair que les « glyphes » ne suivent pas les plis de la tunique, mais sont au dessus des plis.

Toutes les fleurs ont leur racine dans le ciel, représentée par le manteau bleu-vert plein d'étoiles. Ceci signifie que les fleurs ont leur fondement dans le céleste.

La fleur a la forme d'une colline, tandis que sa tige a la forme d'une eau. Cette montagne se termine par un point, qui pour les indigènes est « *Tepeyac* », « sommet de la colline ». Il faut tenir compte du fait que pour les peuples autochtones « fleur et eau » signifie « civilisation », par conséquent, cela représente une civilisation enracinée dans le céleste.

Sur la robe de nombreuses fleurs sont observées. C'est une « terre de fleurs » (« *xochitlalpan* »), qui est, la plénitude de la vérité. Dans les codex indiens, cette fleur-colline est aussi le cœur, le sang et les artères, donc la subsistance par la divinité.

Si nous revenons à sa position d'origine, dans ce cœur de colline de fleur, un visage peut être vu. Pour les peuples autochtones, être sage signifie « mettre un visage humain sur le cœur de quelqu'un d'autre », alors il est entendu que ce cœur de colline de fleur signifie qui est pleine de sagesse divine.

De cette manière, nous pouvons conclure que cette fleur de la vérité de Dieu est une nouvelle civilisation qui surgit du ciel et qui est pleine de vérité et de sagesse divine. Cela s'accorde parfaitement avec ce qui est au centre du message de Sainte Marie de Guadalupe, qui souhaite vivement qu'une « maison sacrée » soit construite pour lui, ce qui signifie une nouvelle civilisation de l'amour et de la sagesse de Dieu.

Une fleur à quatre pétales est unique sur la robe de la Vierge de Guadalupe et est placée sur son ventre immaculé. La Vierge de Guadalupe représente le « *Nahui Ollin* » et cela signifie « le plus vrai Dieu » pour qui nous vivons. Ainsi, les indigènes se sont rendu compte que l'Être trouvé dans l'utérus n'était rien de moins que Dieu lui-même, le Créateur de l'Univers. Jésus-Christ est le centre, aussi bien du message que de l'image.

La Fleur - Colline - Cœur

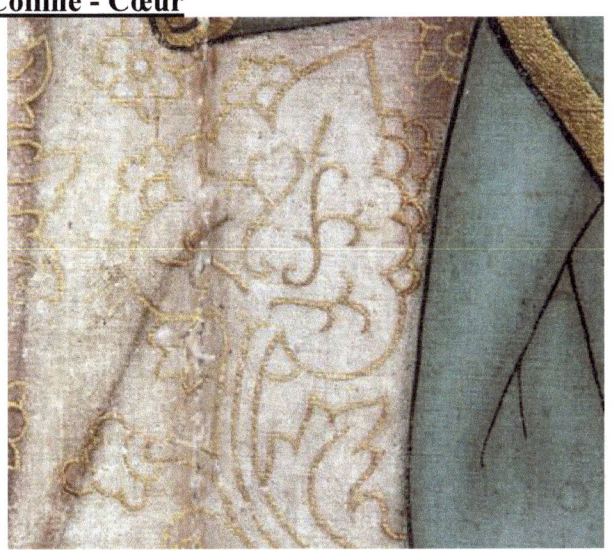

La fleur aux quatre pétales

Mains

Santa María de Guadalupe est une femme en prière. Elle met ses mains ensemble, comme la coutume européenne. Elle tient compte également des autochtones en priant à leur manière et selon leur coutume.

Les indigènes l'ont vu comme un codex plat, puisqu'ils n'ont jamais dessiné ou peint avec une troisième dimension, c'est-à-dire qu'ils n'ont pas pris en compte la profondeur, la lumière et l'ombre. De cette manière, nous pouvons parfaitement comprendre que la fleur d'or-colline-cœur qui se trouve sur sa robe à la hauteur de sa poitrine, est incluse dans ces mains en tenant compte du « pas de danse » de la Vierge de Guadalupe. Nous pouvons comprendre que les peuples indigènes ont tout de suite compris qu'Elle est en prière à leur manière. Le peuple indigène, contemplant la Vierge de Guadalupe, a déclaré : « Nos anciens ont offert leur cœur à Dieu, pour qu'il y ait harmonie dans la vie. Cette Femme dit que, sans les arracher, nous mettons les nôtres entre Ses mains, afin qu'Elle les présente au vrai Dieu. »

La bande sombre

Le ruban noir noué dans la partie supérieure du ventre annonce sa maternité, c'est une femme « sur bande », c'est une femme « en attente », c'est une femme « de l'Avent ». Elle est la mère de Dieu, « l'Arche vivante de l'Alliance » comme l'a dit le Pape Benoît XVI.

Mains

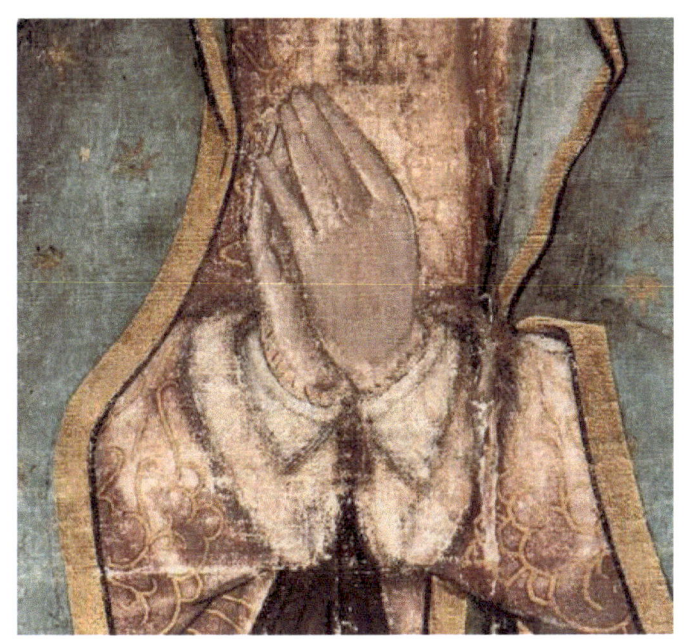

La bande sombre

La lune noire

La lune est dans le dernier quartier. Elle est noire car elle est à contre-jour avec le soleil.

Le message est pour les indiens en tenant compte des codex. L'expression « Me-xi-co » signifie « au centre de la lune » ou « dans le nombril de la lune » qui à son tour signifie « dans la maison de la divinité omnipotente », « au centre créateur de l'univers », « à l'endroit où surgissent les quatre directions de l'univers ».

Cette femme imprimée porte le Dieu vrai qui vit dans son sein immaculé. Elle vient du centre de la lune, c'est-à-dire de la maison du Dieu Tout-Puissant, centre de la création de l'univers d'où proviennent les quatre directions de l'univers. Elle vient avec le vrai Soleil de Justice dans son sein immaculé, éclipsant et surpassant absolument tout. Dieu en Marie est l'Être suprême par excellence et vient à sa « maison », le centre de sa « petite maison sacrée », le centre de son Église.

Le petit ange

Un petit ange, visible jusqu'à la ceinture, a les bras tendus. Il tient de sa main droite le bout du manteau bleu-vert plein d'étoiles qui signifie l'univers, et de sa main gauche le bout de la robe rose, qui signifie la terre. Il unit le ciel et la terre en harmonie comme les aigles étaient représentés dans les codex.

Cet ange est un « *cuauhtlatoatzin* », « un aigle », qui dit des choses divines car il a les ailes d'un aigle. Celles-ci font référence à la mythologie aztèque, où l'aigle triomphe du serpent.

Les ailes du petit ange ont trois couleurs : bleu, blanc et rouge, qui sont unis dans leur sens à la couleur noire de la lune. Ce sont les couleurs des quatre directions de l'univers: le noir symbolise le Nord ; le bleu, au sud ; le blanc, à l'ouest ; et rouge, à l'est.

Le visage de l'ange est très beau, surtout selon les catégories esthétiques indigènes, car il a une certaine tache chauve, qui pour les indigènes signifiait la vieillesse, c'est-à-dire la sagesse, l'autorité, la racine de la vérité culturelle.

Il porte également un médaillon de couleur or qui est lié au médaillon porté par la Sainte Vierge de Guadalupe.

La lune noire

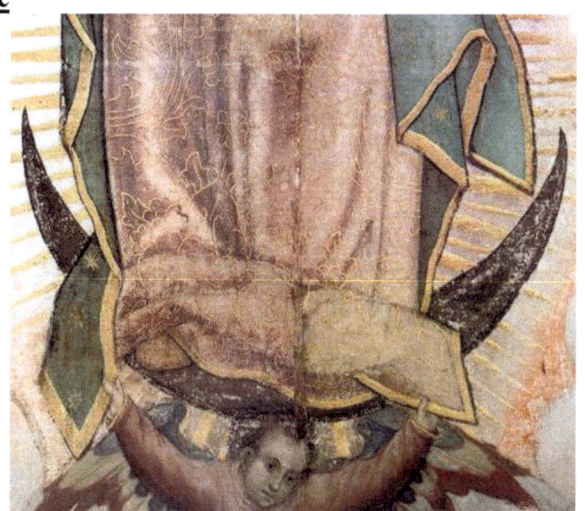

Le petit ange

La broche

Marie porte au cou une broche décorée d'une croix.

Pour les Espagnols, la croix au centre de la broche en forme ovale est le signe de l'amour miséricordieux de Jésus pour nous.

Les Indiens regardent Santa Maria de Guadalupe et sa broche avec la croix centrale. Ils y voient le sacrifice ultime de l'amour de Dieu. Les indiens contemplent le vrai cœur divin qui dans son amour donne vie à la Sainte Vierge. Jésus nous la donne comme Mère à la croix.

Les peuples autochtones font un trou entre le cou et la poitrine de certaines de leurs idoles de pierre pour y placer une pierre semi-précieuse verte. Cette pierre représentait leur cœur. Ils polissaient la pierre jusqu'à ce qu'elle devienne un miroir, le cœur de la divinité.

La chaussure

La chaussure posée au centre de la lune noire fait partie de ce qu'on appelle le « pas de danse ». Cependant, un point extrêmement intéressant est que cette chaussure n'a pas de couleur, mais ce qui est observé est la couleur du *tilma,* donc les trames du fil de *tilma* sont clairement visibles, ce qui nous aide, comparativement, à confirmer que le tissu du *tilma* n'a pas de préparation.

Un tissu similaire, poreux, plein de trous, avec une couture visible au milieu, des déchirures, des nœuds dus au lien des fils, n'est pas prêt à recevoir de la couleur, mais une préparation avec une pâte pour recouvrir les imperfections est nécessaire. C'est un point extrêmement surprenant car dans cette chaussure on voit clairement que le tissu n'a aucun type de préparation et qu'il présente plusieurs imperfections, mais la Vierge de Guadalupe les a « utilisées » pour sa beauté.

La broche

La chaussure

Les rayons du soleil

Des rayons de soleil, alternant rayons droits et ondulés se projettent derrière la Vierge et sont enfermés dans une mandorle (amande –divinité). Au-delà de la mandorle, à droite et à gauche, se trouve une étendue non peinte de couleur blanche avec une légère teinte bleue. L'image rappelle l'Immaculée Conception. Elle porte le vrai Soleil de Justice qui vient vaincre et donner plénitude à tout ce qui est créé.

Les indigènes ont dit : « *une femme d'une grande importance, plus que les empereurs eux-mêmes, qu'en dépit d'être une femme, son pouvoir est tel que affronter le soleil, notre donneur de vie, et marcher sur la lune, qui est notre guide dans la lutte pour la lumière et s'habille avec les étoiles, qui sont celles qui gouvernent notre existence et nous disent quand semer, plier ou récolter.*[2] »

Les nuages

Pour les Européens, c'est une image qui se situe entre les nuages dans le ciel, c'est une manifestation divine.

Pour les indigènes, la phrase était très importante : « entre brouillards et nuages » qui a trois significations ; le premier, « venir d'un endroit inconnu de tous » ; tout comme l'empereur Moctezuma accueillait Hernán Cortés ; deuxièmement, cela signifie « ouvrir un coffre de trésors spirituels » ; et troisièmement, « l'être, les yeux, l'oreille et la bouche de cet être invisible et spirituel qui - en cette personne qui se trouvait entre les brumes et les nuages - devenait visible. »

La Vierge de Guadalupe entre les nuages signifie qu'elle vient d'un endroit inconnu, qu'elle ouvre un coffre de richesses spirituelles, et qu'elle est les yeux, l'oreille et la bouche du monde invisible qui se manifeste de façon visible.

---

2 Archives pour la cause de la canonisation de Juan Diego.

Les rayons du soleil

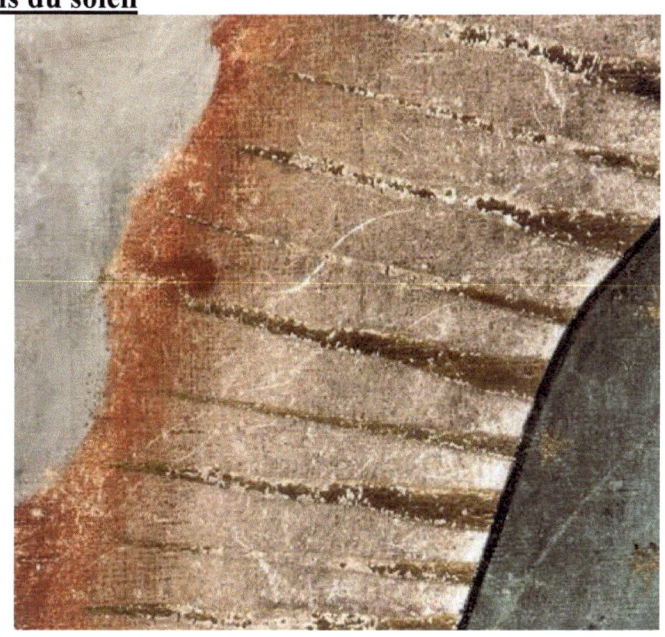

Les nuages

L'acide renversé

L'image de la Vierge de Guadalupe sur la *tilma de* Juan Diego a été préservée pendant des siècles. Elle a été exposée à l'humidité, au salpêtre, aux caresses et aux baisers dévoués, à l'eau bénite, à la cire, à la fumée de bougie et a été conservée pendant toutes ces années.

Le support est demeuré 116 ans sans aucune protection (ni bois, ni tissu, ni verre). Il est resté dans son ermitage toutes ces années collé au mur humide et salé.

En 1784, un orfèvre qui nettoie le cadre. Il renverse accidentellement l'acide utilisé sur le côté droit de l'image. Cela aurait pu provoquer un trou ruineux dans toute la zone touchée. Cependant, l'image a résisté, à l'exception d'une tache subtile en guise de témoignage du fait.

De plus, le 14 novembre 1921, des anticatholiques placent une bombe aux pieds de l'image. La bombe explose et détruit plusieurs objets autour d'elle. Cependant, l'image sacrée reste intact…

L'acide renversé

1.1.4 Science support

Généralités

Marie, lors de cette apparition au Mexique, nous laisse son nom mais surtout de façon unique son portrait. Cette image est « acheiropoïète », c'est-à-dire « non faite de main d'homme ».

Les expertises scientifiques montrent des propriétés étonnantes du support textile et de la peinture.

La « Tilma » de Juan Diego est suspendue au-dessus de maître-autel de la basilique de Guadalupe.

La mesure du tissu a été réalisée par José Ignacio Bartolache le 29 décembre 1786 en présence de Joseph Bernardo de Nava, notaire public. Le résultat fourni était : hauteur 170 cm, largeur 105 cm. La hauteur d'origine (avant sa première protection derrière une vitre à la fin du XVIIIe siècle, date à laquelle la partie non peinte située au-delà de la tête de la Vierge a dû être coupée) était de 229 cm.

La couronne suspendue au sommet de l'image remonte à son couronnement canonique le 12 octobre 1895. L'image est protégée par un verre à l'épreuve des balles.

Le tissu est fixé sur une grande feuille de métal sur laquelle il est collé. L'image est actuellement placée dans un cadre massif protégé par un verre pare-balles. Le cadre est légèrement incliné sur le mur de la basilique derrière l'autel. Il existe un large intervalle entre le mur du sanctuaire et le support, ce qui facilite la visualisation de l'image par les pèlerins circulant sur les allées piétonnières situées sous le niveau principal de la basilique. Vue depuis le corps principal de la basilique, l'image est située au-dessus et à droite de l'autel. L'image est rétractée la nuit dans une petite niche (accessible par des marches) encastrée dans le mur. Une couronne métallique complexe conçue par le peintre Salomé Pina selon les plans de Rómulo Escudero et Pérez Gallardo, et exécutée par l'orfèvre parisien Edgar Morgan, est fixée au-dessus de l'image par une tige et un immense drapeau mexicain est drapé autour et en dessous le cadre.

Support
Tilma ou Ayate

Le vêtement que portait Juan Diego est appelé un peu indifféremment « tilma » ou « ayate », car les deux ont la même forme. Il s'agit d'une sorte de cape noué sur l'épaule droite. Mais la tilma est généralement en coton, tandis que l'ayate est tissé en fils d'agave, avec une trame lâche.

Dimension

L'image est dessinée sur un support de tissu en matériaux naturels constitué de deux pièces (trois à l'origine) réunies. La jointure est visible sur l'image comme une couture passant de haut en bas, avec le visage et les mains de la Vierge ainsi que la tête de l'ange sur la pièce de gauche. La jointure passe par le poignet gauche de la Vierge. L'épaule gauche de la Vierge, ainsi que le bras gauche de l'ange étant sur la pièce droite du tissu.

La longueur oscille entre 166 et 168 cm, sa largeur entre 103 et 105 cm. La pièce de tissu devait être légèrement plus longue. Elle fut raccourcie, par le haut, vers 1770, pour permettre de l'insérer dans le cadre actuel.

Matière

L'ayate de Juan Diego est tissée de fibres de maguey. C'est une espèce de l'agave appelée « agave potule zacc ». Elle constitue avec le maïs, la plante nationale du Mexique.

Mystère de conservation

Selon Sodi Pallarés, spécialiste des métaux de l'université de Mexico, l'ayate présente l'avantage d'être réfractaire à la poussière, aux insectes et à l'humidité. Mais c'est néanmoins un tissu extrêmement fragile. Un ayate en agave se conserve au maximum 20 ans. Or, pendant 116 ans, celui-ci fut exposé sans même une vitre de protection. À partir de 1647, il fut protégé par une vitre en deux morceaux dont la jointure était forte imparfaite. Ce n'est qu'à partir de 1766 que l'ayate fut protégé par une vitre en un seul morceau. Or, il s'agit d'une région de lacs, comportant des inondations... des insectes, sans compter l'effet des lampes, des cierges, des ex-voto que l'on y accrocha, des linges, des scapulaires que l'on venait frotter sur l'image, des fidèles qui venaient baiser l'image, la toucher, la caresser, avant la pose des vitres (et même parfois après).

Au XVIIIe siècle (1788), le docteur José Ignacio Bartolache, tente de reproduire l'œuvre sur un tissu identique à l'original (agave ou d'iczotl). Il fait tisser plusieurs ayates de fibres différentes et peindre une copie de l'œuvre avec les techniques utilisées au milieu du XVIe siècle. Malgré une protection sous verre des différentes toiles, celles-ci ne résistent pas plus d'une quinzaine d'années dans le climat humide de Mexico.

En 1791, en nettoyant le cadre d'argent, on fit couler un peu du produit sur l'angle supérieur droit de la toile. L'acide aurait dû la crever. Cet accident n'a pas affecté l'auréole de Marie. Seules quelques taches jaunâtres apparurent et, avec le temps, elles disparaissent peu à peu !

Le 14 novembre 1921, un attentat eut lieu dans l'église de la Guadalupe pour tenter de détruire la toile. Une bombe fut placée dans un bouquet déposé au pied de l'autel. Le marbre vola en éclats. Les vitres de l'église tombèrent, ainsi même que celles des maisons alentour. Le lourd crucifix de bronze qui se trouvait sur l'autel fut courbé par la violence de la déflagration. Mais, au-dessus de l'autel, la vitre de l'ayate resta intacte, ainsi que la toile et son image ...

En 1946, une analyse des fibres du support par l'Institut de Biologie de l'Université Nationale de Mexico montre que c'est une fibre d'agave. Les tissus en agave ne sont pas stables dans le temps (durée de vie 15 à 20 ans)…

L'étude infrarouge montre que le support n'a subi aucun apprêt, il n'a même pas reçu le conditionnement nécessaire à la conservation de cette fibre de maguey. Or ce support ne se conserve, à moins de traitement spécial, pas plus de vingt ans.

Ce textile très grossier est connu pour sa fragilité. Sa conservation en bon état est un mystère. Gama s'étend là-dessus longuement, dans une étude manuscrite demeurée inédite (bibliothèque nationale de Paris) très savante pour l'époque (1795).

1.1.5 Science image
Études réalisées sur l'image

Certains scientifiques estiment qu'au XVIe siècle et probablement jusqu'au début du XVIIe siècle, l'image a été modifiée ou retouchée. Les éléments concernés par cette restauration (ou ajout) sont la mandorle solaire autour de la Vierge, les étoiles sur son manteau, la lune à ses pieds et l'ange. L'étude infrarouge et oculaire du tilma en 1979 confirme ces hypothèses.

Des peintres et des médecins examinent l'œuvre le 13 mars 1666 (dans le cadre de l'enquête menée par l'Église). Ils déclarent avoir observé tant l'endroit que l'envers et ne pas pouvoir en déterminer si elle est faite à la détrempe ou à l'huile, car Dieu seul connaît le secret de cette œuvre. Ils certifièrent qu'il était impossible que l'image, tellement nette, ait été peinte sur la toile vu l'absence de préparation de fond. Ils précisent aussi qu'elle aurait dû se détruire et ne s'expliquent pas comment elle a pu demeurer intacte dans l'air chaud et humide pendant les 135 années depuis l'apparition.

Le 30 avril 1751, un groupe de peintres examine l'image, dont Miguel Cabrera, José de Ibarra, Patricio Porlete Ruiz et Manuel Osorio. Miguel Cabrera publie les résultats de cette étude en 1756 dans « Maravilla Americana ». Miguel Cabrera remarque l'absence de pigments, de produits liants sur la partie d'origine de l'image et l'absence de couche d'amorce.

Don Feliciano Cortés Mora, abbé de la basilique, fait don de quelques fils à Mgr Francisco Jesús María Echavarría, évêque de Saltillo pour son reliquaire. Ce dernier les confie au docteur Ernesto Sodi Pallares.

En 1936, Fritz Hahn, professeur d'allemand à Mexico, est invité par le gouvernement allemand aux jeux olympiques.

Fritz Hahn, professeur de Sodi Pallares, part en Allemagne avec deux fibres de l'ayate de Juan Diego, l'une de couleur rouge et l'autre de couleur jaune. Il emmène une recommandation de Marcelino Garcia Junco, professeur retraité de Chimie organique de l'université nationale autonome de Mexico, pour son ami le docteur Richard Kuhn, chimiste allemand et prix Nobel de chimie, directeur de la section de chimie du « Kaiser Wilhelm Institut », à Heidelberg.

Le résultat de l'analyse fut stupéfiant, Richard Kuhn répondit à Sodi Pallares qu'il n'y avait dans les fibres examinées **aucun colorant d'aucune nature, ni végétal, ni animal, ni minéral.** Les colorants synthétiques sont évidemment exclus, puisqu'ils n'ont commencé à être réalisés qu'à partir de la seconde moitié du XIXe siècle. Premier étonnement au résultat d'une analyse scientifique. D'autres vont suivre.

Les professeurs Philip Serna Callahan (biophysicien, entomologiste de l'USDA, consultant de la NASA) spécialisé dans l'imagerie infrarouge et Jody Brant Smith (professeur de philosophie des sciences et de l'esthétique – impliqué dans une équipe de sindonologie) prennent 75 photos dont 40 sous lumière infrarouge dans la nuit du 7 mai 1979. Le professeur Callahan précise : « *sur les quarante poses, quarante eurent un foyer parfait –ce qui est déjà en soi un miracle.* »

En avril 1981, Smith et Callahan purent réaliser plus de cent nouvelles photographies, certaines avec des lumières proches de l'ultraviolet ou de l'infrarouge, certaines portant sur des détails repérés grâce aux expériences précédentes. Une fibre du tissu est prélevée en bordure pour analyser sa composition.

Quarante pages dactylographiées, renfermant leur interprétation savante et détaillée, sont publiées en 1981 avec des photos par Faustino Cervantes Ibarrola.

Image d'origine et ajouts de peinture
Généralités

Le professeur Callahan découvre de nombreuses marques de détérioration Il identifie ainsi un certain nombre d'applications de pigments connus et peut-être d'or réel, faites de main d'homme à différentes époques. Le professeur établit la chronologie de ces retouches, et en rattache le style au « gothique international de la peinture médiévale » dont l'influence parvint d'Italie en Espagne « *avant 1300 et continua à se développer sous les influences française et flamande jusqu'à la fin du XVe siècle* ». Ce style affectionne les glands, les poignets entourés de fourrure, les bordures dorées, ainsi que les arabesques venues d'Orient, il se caractérise par des formes statiques et

« *subordonnait la ligne aux blocs de couleur et aux fonds dorés* ».

L'or de l'éclat du soleil, des étoiles et du galon qui borde le voile, se craquelle avec le temps. Les rayons dorés, opaques aux infrarouges doivent être « *une certaine forme d'or réel* », tandis que l'or de la garniture et des étoiles, partiellement transparent aux infrarouges « *est d'un pigment jaune d'origine inconnue* ». Les arabesques, qui décorent la robe rose ont été ajoutées assez maladroitement car elles ne suivent pas les plis de la robe. À l'évidence « *ce type de technique « à plat » n'est pas en accord avec le beau réalisme du visage ou du drapé du vêtement* ».

A la première étape de cette œuvre de retouche est attribuée le double pan de la ceinture et le croissant de lune qui ne sont pas noirs, comme il semble au premier abord, mais « *brunis par l'âge* », de même que la chevelure du chérubin, la peinture s'en va en se cassant et est en fort mauvais état dans toutes ces zones. De plus, l'exécution n'est pas en accord avec la beauté évidente du reste du corps et des vêtements. Le pigment, opaque aux rayons infrarouges, paraît être un oxyde noir de fer appliqué par un Indien (en raison du symbolisme aztèque de cette ceinture et de ce croissant de lune), à une date assez reculée puisque l'une des deux lignes de cassure du linge, visibles en travers du corps de la Vierge, au-dessous des poignets, traverse aussi la ceinture.

Par contre, ces deux lignes s'arrêtent à la bordure du manteau. Au-delà, elles sont apparemment recouvertes par le fond du tableau – éclat du soleil et nuages – qui entoure le corps du portrait. « *Nous pouvons donc présumer que le fond fut ajouté après la formation du reste de la peinture* », mais aussi après le croissant de lune, et la ceinture. C'est une deuxième étape de la retouche où la main de l'homme se laisse aisément discerner.

Le rouge de la robe de l'ange est opaque aux infrarouges, ce qui indique peut-être un oxyde rouge. Ce pigment, comme le rouge des plumes des ailes (en bas) est en train de s'écailler ; le bleu de ces plumes est probablement un bleu « maya », d'oxyde de cuivre. Il est appliqué, comme le noir de la lune, si grossièrement qu'il est tout craquelé. Toute cette portion de la tilma, pli du bas de la robe de la Vierge compris, a été apprêtée avant l'application de la peinture. Mais le mystère commence au-dessus, avec la robe dont le « pigment » est de loin le plus transparent aux infrarouges, et qui, contrairement au bleu de la robe, paraît reposer à peine à la surface du textile.

Selon le Dr Callahan, l'ange et le pli du bas de la robe de la Vierge qui le surplombe appartiennent aussi à cette deuxième étape : « *Toute la partie du bas de la peinture est une addition gothique du 18e siècle et est quelque chose d'énigmatique. C'est au mieux un médiocre dessin. Les bras sont informes, disproportionnés et ajoutés de façon évidente pour soutenir la Vierge Marie. Le visage est vivant mais n'a rien de la beauté ou du génie de la technique montrée par l'élégant visage de la Vierge* ». L'infrarouge en révélant une ligne dessinée qui délimite la lune sous la chevelure de l'ange rend manifeste une exécution postérieure à la lune.

L'infrarouge révèle aussi des traces de doigts de la main gauche s'étendant à l'origine vers le haut à partir des bouts plus courts actuellement visibles : « *Les doigts de la main gauche de la peinture initiale pouvaient avoir au moins un demi pouce de plus (1,27 cm).* »

Il y a une décoloration sur la partie supérieure de la tête de la Vierge, où une couronne aurait été présente à un moment donné. Cette décoloration est maintenant masquée par un recadrage (au plus près) pour des raisons inconnues.

Des parties de l'image originale ont été abrasées et retouchées par endroits. Un certain écaillement de la peinture est visible, mais uniquement dans les zones retouchées (principalement le long de la ligne verticale de couture, ou dans des parties considérées comme des ajouts ultérieurs).

La couronne

Il n'existe aucun document écrit du XVIe siècle décrivant l'image et précisant la présence ou non d'une couronne sur la tête de la Vierge sur l'image originale reçue par l'évêque en 1531 (selon la tradition catholique). Dans leur grande majorité, les représentations picturales (peintures, gravures) de l'image de Notre-Dame de Guadalupe, réalisées au XVIIe et XVIIIe siècle représentent la Vierge avec une couronne à 10 pointes sur la tête. Cependant, certains rares documents, présentent cette même image sans la couronne.

Du XVIe siècle à la fin du XIXe siècle l'image de la Vierge (l'image originale, exposée dans les chapelles successives et puis la basilique) porte une couronne à 10 pointes sur la tête, mais celle-ci disparait entre 1887 et 1888. Le changement est remarqué pour la première fois le 23 février 1888, lorsque l'image a été transférée dans une église voisine.

Ce retrait de la couronne intervient en pleine crise liée au projet de couronnement de l'image de la Vierge porté par le père Antonio Plancarte y Labastida. Celui-ci voulait depuis plusieurs années faire obtenir du pape un couronnement canonique de l'image de la Vierge de Guadalupe. Ce projet avait amené une vive critique et réaction dans la presse de la part des milieux libéraux et anticatholiques, tout en cristallisant également des résistances dans les milieux catholiques et cléricaux. Le projet ne se limitait pas à un simple couronnement, mais intégrait une large collecte de fonds pour financer la couronne, ainsi qu'une rénovation et remise à neuf de la collégiale et la réalisation d'une cérémonie somptueuse.

Le peintre Rafael Aguirre a avoué sur son lit de mort que Plancarte avait demandé à son maître José Salomé Pina de retirer la couronne sur le tableau. Cela a peut-être été motivé par le fait que la peinture dorée était en train de se décoller de la couronne, la laissant ainsi délabrée. Le père Plancarte a toujours nié avec force la disparition de la couronne, et en réponse aux critiques, il a déclaré que la couronne n'a jamais existé mais que c'est comme si « Dieu l'avait peinte et ensuite, Il l'avait retiré »... Ce qui est rarement mentionné, c'est que le cadre entourant la toile a été ajusté pour ne laisser presque aucun espace au-dessus de la tête de la Vierge, obscurcissant ainsi les effets de l'effacement.

Le 8 février 1887 (un an avant l'effacement de la couronne), une bulle papale de Léon XIII autorisant le couronnement canonique de l'image avait été publiée. La nouvelle couronne est installée sur l'image au cours d'une cérémonie solennelle le 12 octobre 1895.

La suppression de la couronne sur la tête de la Vierge à la fin du XIXe siècle est historiquement attestée.

La lune et les rayons solaires
Sur la lune, un ajout de couleur argentée a été réalisé, mais celui-ci s'est décoloré et terni, disparaissant presque totalement aujourd'hui. On observe encore aujourd'hui quelques traces de pigmentation argentée sur la lune.

Les rayons solaires ont eux aussi été renforcés par un placage de feuille d'or, mais celles-ci se sont décollées. Quelques traces de doré subsistent encore dans certains rayons solaires.

Le nuage et l'ange

Selon le Prof Ramon Sanchez Flores, il y a un document dans les Archives Générales de la Nation de Mexico qui date de 1540 et qui indique que le peintre Marco a retouché l'image originale, d'après le livre du père Gabino Chavez, La « aparicion Guadalupana demostrade » de 1896, p. 16 puis, ce peintre [Marcos] fut appelé pour peindre le nuage et le chérubin qui ont été placés autour de l'image aux premiers temps de l'apparition.

Autres modifications

En 1978 Rodrigo Franyutti compare des photographies de l'originale en 1923 et d'autres en 1931 et découvre des différences sur le visage de la Vierge. Il en conclue que sur l'intervalle, l'image a subi des retouches.

En 1979, frère Bruno Bonnet-Eymard et François Delaport étudient l'image et confirment la trace de modifications humaines, mais le manteau bleu et la tunique paraissent inaltérés et sans trace de préparation ni de vernis.

En 1979 et 1981, Philip Serna Callahan réalise des photos infrarouges. L'étude minutieuse de l'image montre que l'image est inexplicable, mais qu'il y a des traces d'ajout et de modifications faites de main d'homme. Les travaux sont publiés en 1981 par Faustino Cervantes Ibarrola.

Différence original et ajouts

Les scientifiques s'accordent pour dire que la peinture de l'œuvre ne montre pas de trace d'écaillement ou d'altération, sauf dans les zones qui ont été retouchées postérieurement.

<u>Conservation inexplicable de l'image d'origine</u>

Les guadalupanos du XVIIIe siècle avaient aussi remarqué la surprenante stabilité des couleurs, dans cette atmosphère insalubre du

Tepeyac où rien ne se conserve. Ce phénomène est manifeste lorsqu'on voit comment se dégradent non seulement les tableaux de Cabrera, par exemple, à la chapelle du Pocito, mais les murs mêmes de l'ancienne basilique !

Le professeur Callahan découvre « *un phénomène inexplicable* » : le pigment du voile de la Vierge, bleu, semi-transparent, de nature inconnue est « *suffisamment brillant pour avoir été étendu la semaine dernière !* » Or, « *tous les pigments de ce genre sont semi permanents et connus pour être sujets à un effacement considérable avec le temps, spécialement dans les climats chauds.* »

Les parties non retouchées de l'image, en particulier le manteau bleu et le visage, sont dans un très bon état de conservation, sans écaillage ou pelage, ni fissurée ni floconnée. L'excellent état de conservation des zones non retouchées de l'image sur le tilma n'est pas explicable (en particulier les deux tiers supérieurs de l'image).

Seul, le pli du bas à gauche, que l'ange saisit dans sa main droite, « *présente une texture à coups de pinceau et n'est pas le bleu semi-transparent du corps du voile* ». Le fait est visible sur notre planche-couleur. « *Il fut probablement ajouté en même temps que l'ange pour lui donner quelque chose à tenir.* »

Aucun craquelé sur l'image d'origine

Philip Callahan indique l'absence de craquelé sur l'image, après quatre cent cinquante ans ! Or, ce phénomène est normalement inévitable. Quel que soit le procédé utilisé lors de la peinture d'un tableau, il y a nécessairement un élément humide. Celui-ci s'évapore avec les années et la peinture, en se desséchant, se craquèle.

L'instabilité des rayons (à droite) dénonce la main, maladroite, de l'homme. Le pigment du galon et des étoiles ne s'est pas craquelé dans la même mesure, mais il a tendance à s'effacer, lui aussi, avec le temps. Il a été appliqué le long d'une ligne-guide noire (à gauche et au centre). Il est facile de percevoir que les rayons passent sous la bordure : le noir, beaucoup trop abondant, s'est craquelé, découvrant les rayons du soleil. Mais le mystère, c'est le bleu-vert du voile très finement étendu, sans apprêt ni vernis protecteur et cependant inaltéré, dont les photos à l'infrarouge montrent qu'il est d'origine

Absence d'esquisse sous-jacente

Philip Callahan indique l'absence de sous-dessin. Le docteur, qui a photographié l'image sous une lumière infrarouge, déclare à partir de ses photographies que des parties du visage, des mains, de la robe et du manteau avaient été peintes en une étape, sans croquis ni correction, ni coup de pinceau visible.

L'absence d'esquisse préparatoire ne suffit pas à prouver l'origine miraculeuse de l'image, mais la présence d'une telle esquisse aurait suffi à prouver qu'il s'agissait d'une œuvre humaine.

Absence d'apprêt

Philip Callahan observe l'absence de couche d'amorce et de vernis. Or, « *un des aspects réellement étranges de cette peinture est que non seulement la tilma n'a reçu aucun apprêt mais encore qu'il n'y a absolument aucune couche de vernis protecteur* ».

L'image elle-même mesure 143 sur 55 cm. Elle est directement imprimée sur le tissu d'agave sans aucun apprêt, aucun fond, ce qui est normalement impossible. Même lorsqu'il s'agit d'une toile beaucoup plus fine, on pose d'abord une couche faite de colle et de craie, ou tout autre enduit, pour éviter que les fils n'apparaissent à travers la peinture, mêlant leur propre dessin à celui de l'artiste. Cet apprêt évite aussi que la toile ne boive la peinture. L'absence totale d'un quelconque apprêt est donc déjà, pour un professionnel, un phénomène inexplicable.

Cette particularité, tout à fait extraordinaire, avait déjà été remarquée lors de l'enquête menée au 17ème siècle. Le R.P. Francisco de Florencia S.J., mort en 1695, a rapporté comment des peintres avaient examiné la toile aussi bien à l'envers qu'à l'endroit et constaté ainsi qu'il n'y avait, sans aucun doute possible, aucun apprêt, aucune couche préparatoire d'aucune sorte, puisque toute l'image avec toutes ses couleurs elles-mêmes se voyait aussi bien sur le revers de la toile qu'à l'endroit. Le grand peintre mexicain du 18ème siècle, Miguel Cabrera, mort en 1768, fit la même constatation et la rapporta dans sa longue description de l'image miraculeuse.

Absence de trace de pinceau

Ajoutons encore qu'on ne peut, même au microscope, distinguer aucun coup de pinceau. Les couleurs forment une surface unie comme sur une photo. Le tissu d'agave a fonctionné comme une pellicule photographique recevant directement l'image par un effet de projection mystérieuse. Phénomène évidemment absolument unique et totalement inexplicable !

Pigments inconnus

Philip Callahan fait un constat sur les pigments. Le bleu du manteau est de pigment inconnu. Callahan se livre à un certain nombre d'hypothèses sur la composition de ce pigment, mais aucune n'est satisfaisante. La couleur du manteau ressemble bien à la nuance que l'on trouve sur les fresques mayas primitives ou sur les « livres » en peau de bêtes des Mixtèques. Ces couleurs semblent avoir été faites d'oxyde de cuivre… mais on est ici devant un phénomène inexplicable, car tous ces bleus sont semi-permanents et connus pour faner considérablement avec le temps, surtout dans les pays chauds. Le bleu du manteau de la Vierge est, au contraire, « *d'une intensité égale, non fanée…, d'un pigment bleu à demi transparent, inconnu… aussi brillant que s'il avait été posé la semaine dernière* ».

Le pigment rose de la robe, remarquable par sa luminosité, réfléchit hautement la radiation de lumière visible et cependant n'arrête pas les rayons infrarouges. Ceci est inexplicable, même par quelque pigment organique, car la permanence de pareils pigments exige un vernis protecteur. « *De tous les pigments étudiés, le rose est de loin le plus transparent… et finalement inexplicable* ».

Philip Callahan note l'absence de pigments et de produits liants sur la partie d'origine de l'image. Smith affirme qu'il n'y a, sur ce bleu ou sur ce rose, « *absolument aucun signe de retouches, aucun coup de pinceau, aucun craquelé, aucun pigment écaillé. Bref, la brillance intacte des couleurs turquoise et rose reste inexplicable* ». Et cela d'autant plus que l'image n'a pas du tout bénéficié de mesures de protection particulières contre la lumière comme on le fait aujourd'hui dans les musées pour les œuvres anciennes. Bien au contraire !

Protection des cierges

Les couleurs du visage et des mains constituent un mystère encore plus troublant Callahan a mesuré l'intensité de la lumière ultra-violette émise par un seul cierge du type de ceux que l'on utilise couramment dans les églises. Il a obtenu plus de 600 microwatts ! « *Si l'on multiplie, dit-il, ce résultat par les centaines de cierges votifs disposés sur l'autel d'une petite chapelle, tout près de l'image, sans la protection d'une vitre qui filtrerait cette radiation ultraviolette, on ne peut pas comprendre comment l'image a pu même résister. L'excès de rayons ultraviolets décolore rapidement la plupart des pigments, qu'ils soient organiques ou inorganiques, particulièrement les bleus. Pourtant, le portrait origine garde toute sa fraîcheur et son éclat, comme au jour de sa formation.* »

Perfection du visage de la Vierge

L'expert retrouve l'Image d'origine dont le visage de la Vierge constitue le chef-d'œuvre sublime, sans égal dans toute la galerie de l'iconographie chrétienne passée et présente. « *Les pigments semblent s'étaler du gris des ombres profondes jusqu'au blanc brillant là où la joue est fortement éclairée* ». Si ce « *pigment blanc inconnu* », qui fait comme une croûte sur le grossier tissu de la tilma dont il laisse cependant la trame apparente, était un blanc de chaux ou de gypse, il se serait craquelé avec le temps. Il n'en est rien, et le blanc paraît appliqué d'hier. Le noir des yeux et des cheveux constitue lui aussi une énigme : « *ce ne peut être de l'oxyde de fer ou un pigment qui brunit avec l'âge, car la peinture n'est ni craquelée ni effacée avec le temps* ».

Remarquez l'extraordinaire économie de moyens que manifeste la photographie de la bouche de la Vierge, dont le sourire indicible semble, sur ce gros plan, s'évanouir dans le textile dont aucun apprêt ne dissimule la trame.

Cohérence image et tilma

Il y a plus. Très remarquable est « *la manière dont il est fait usage de la tilma non apprêtée pour donner de la profondeur et de la vie. Cela est visible à la bouche, où une fibre grossière du tissu s'élève au-dessus du niveau du reste de la toile et suit parfaitement la limite du sommet de la lèvre* ». Il paraît impossible « *qu'un peintre humain puisse choisir une tilma ayant des imperfections de tissu localisées de façon à accentuer les ombres et les éclairages pour leur donner un tel réalisme. La possibilité d'une coïncidence est encore plus improbable !* »

Détail particulièrement surprenant : certains défauts de la toile concourent à la beauté de l'image qui « *tire avantage du manque d'apprêt de la tilma pour lui donner profondeur et la rendre plus semblable à la vie. Cela est particulièrement évident pour la bouche où une fibre grossière du tissu s'élève un peu au-dessus du niveau du reste de la toile et suit parfaitement le bord supérieur de la lèvre. La même imperfection maladroite se retrouve sous la partie éclairée de la joue gauche et sous l'œil droit* ».

Température

Ils découvrirent également que le poncho conserve sans aucune explication la température du corps humain oscillant autour de 36,6°-37°.

Iridescence

Les couleurs du visage et des mains constituent un mystère encore plus troublant. Leurs nuances changent selon qu'on s'approche ou qu'on s'éloigne de l'image. Callahan, qui a étudié le phénomène d'iridescence que l'on trouve sur les plumes des oiseaux et les écailles des papillons ou des scarabées, explique que ce phénomène est dû à une diffraction de la lumière sur une surface irrégulière. Certains auteurs avaient pensé à une sorte de lotion ou de teinture particulière ; d'autres avaient émis l'hypothèse que les fibres avaient déjà été teintées avant le tissage de la toile. Mais, écrit Jody Brant Smith, « *quand Callahan et moi-même nous examinâmes le visage à travers une loupe, dans cette nuit du 7 mai 1979, nous comprîmes qu'aucune explication ne pouvait rendre compte de toutes ses mystérieuses propriétés* ».

Le résultat de cette technique sans précédent est une propriété absolument inédite de la « *peinture* » : « *Il semblerait que, d'une certaine manière, le gris et le pigment blanc du visage et des mains qui paraissent « croûteux » se combinent avec la surface rude de la tilma non apprêtée pour « collecter » la lumière et la diffracter à partir de la teinte olive de la peau. »*

La nature offre une propriété de ce genre « *dans la coloration des plumes d'oiseaux et des ailes de papillons, et sur les élytres des coléoptères brillamment colorés. De telles couleurs sont physiquement des couleurs diffractées et ne dépendent pas d'une absorption ou réflexion de pigments moléculaires mais plutôt de la sculpture de la surface des plumes ou des ailes de papillons. Le même effet physique est tout à fait évident sur le visage. On l'observe facilement en s'éloignant doucement de la peinture jusqu'à ce que les détails des imperfections du tissu de la tilma ne soient plus visibles. A une distance où le pigment et la sculpture de la surface se mélangent, la beauté saisissante de la madone couleur olive émerge comme par magie ! L'expression apparaît soudain pleine de gravité et pourtant joyeuse, indienne et cependant européenne, de peau olive et cependant de teint blanc.* »

Callahan déclare que l'image est inexplicable. L'étude met en avant un phénomène optique d'iridescence de la surface de l'image, technique non reproductible en peinture.

Les étoiles

D'après José Luis Guerrero et Mario Rojas, dans interprétation archéoastronomique moderne basée sur des techniques de projection complexes, les étoiles sur le manteau bleu de la Vierge correspondent à la position des constellations dans le ciel de Mexico, au matin du 12 décembre 1531, à 10h40, au moment même où le Soleil marque le solstice d'hiver. Ce moment précis a une importance capitale dans l'Amérique préhispanique. La grande question que se posent avec angoisse tous ces peuples est de savoir si les nuits vont continuer à s'allonger, plongeant peu à peu le monde dans une nuit totale, sans fin, ou si le Soleil va peu à peu reprendre des forces et recommencer à illuminer la Terre et à la réchauffer.

C'est exactement à ce jour et à cette heure que Juan Diego a dû déployer son manteau devant l'évêque Zumarraga. On a jamais constaté un groupement d'étoiles correspondant à une seule constellation, ni sur de quelconques objets ornés d'étoiles, ni sur cent cinquante peintures de la Vierge des $17^{\text{ème}}$ et $18^{\text{ème}}$ siècles. Ces études ont été menées avec une très grande rigueur et ont fait l'objet d'une publication tout à fait remarquable. Précisons que les étoiles ne sont pas disposées sur le manteau comme une représentation des constellations, telles qu'on aurait pu les voir ce jour-là, à partir du sol, en regardant vers le ciel.

Il ne s'agit pas d'une représentation, mais d'une projection, comme si de mystérieux rayons avaient émané directement de ces lointaines étoiles pour venir s'imprimer sur le manteau de la Mère de Dieu. Le dessin de ces constellations est donc interverti, gauche/droite, par rapport aux représentations habituelles, comme un texte que l'on présente devant un miroir. De plus, « la voûte céleste » étant, par définition, une surface courbe, enveloppante, l'image des constellations s'est reproduite sur le manteau de la Vierge un peu à la manière des peintures anamorphiques. Comme le manteau de la Mère de Dieu est ouvert, un certain nombre de constellations se trouvaient hors du champ turquoise de son manteau. Mais les appareils modernes permettent, sans problème, de retrouver quelle aurait été néanmoins leur position normale, selon le même processus de projection.

La constellation de la Couronne boréale arrive sur la tête de la Mère de Dieu, le signe de la Vierge sur sa poitrine, à la hauteur de ses mains ; le signe du Lion sur son ventre (notez que l'étoile la plus importante du Lion s'appelle « Regulus », c'est-à-dire « le petit roi » ; ce qui correspond bien à l'Enfant Jésus dans le ventre de Marie) ; le signe des Gémeaux, à la hauteur des genoux, et le géant Orion, là où se trouve l'ange, sous les pieds de la Vierge. Le signe du Lion surplombe donc, au zénith, le signe brodé sur la tunique, cette étrange fleur de quatre pétales, elle-même signe des quatre mouvements de la cosmologie nahuatl. Or, il se trouve que dans la langue nahuat le signe du Lion n'est pas identifié, comme chez nous, à un lion, mais comme le signe des quatre mouvements, le « Nahui Ollin », centre du monde, centre du ciel, centre du temps et de l'espace !

Le même signe exprime donc la même idée (le Christ roi et centre du monde), selon le langage propre à chacune des deux cultures.

Comme l'indique les sources citées, toutes ces informations sont le fruit de recherches scientifiques, c'est à dire, non lié à un courant de pensées.

Dessins sur la tunique

La connaissance des civilisations préhispaniques a progressé avec les fouilles archéologiques et les publications de textes anciens. Les dessins de la tunique de l'Image de la Guadalupe constituent un message, destiné aux Indiens de cette époque.

Il faut d'ailleurs noter que ces dessins ne tiennent aucun compte des plis formés par l'étoffe. Ils constituent un ensemble parfaitement plat qui n'est perturbé par aucune des lignes marquant ces plis.

L'un des symboles les plus frappants se trouve juste sous le nœud de la ceinture. Il est formé de quatre pétales de fleur autour d'un petit rond central. C'est la seule fleur de ce type sur toute la tunique et elle se trouve précisément au centre du ventre de la Vierge enceinte. C'est le plus familier des hiéroglyphes nahuatl. Il se compose toujours de quatre points unifiés par un centre, en quinconce.

Le cinq est le chiffre du centre et celui-ci est le point de contact du ciel et de la terre. Le milieu, c'est le point de contact des quatre espaces, de notre monde et de l'au-delà, le carrefour par excellence. Le monde est construit sur une croix, sur la croisée des chemins qui conduisent de l'Est à l'Ouest et du Nord au Sud. Le centre de l'univers c'est le Verbe de Dieu qui s'incarne en Jésus.

Le cinq désigne aussi la pierre précieuse qui symbolise le cœur, lieu de rencontre des principes opposés. C'est le « *soleil d'aujourd'hui, le cinquième, c'est le soleil du centre ; la divinité du centre est Xiuhtecutli, dieu du feu : aussi notre soleil est-il un soleil de feu représenté parfois par le même symbole que le feu, un papillon* ».

Il correspond au signe cosmologique et théologique du « Nahui Ollin », ou signe des quatre mouvements.

D'autres fleurs paraissent, à première vue, assez semblables, mais elles comportent en réalité, entre les gros pétales, d'autres pétales, plus minces. Ces fleurs correspondent pour les Aztèques au signe de Vénus, tel qu'on le trouve dans de nombreux codex préhispaniques. Il est encore important de noter que les grandes formes couvertes de fleurs correspondent assez exactement au signe symbole de la colline (« Tepetl »), bien connu par les codex du 16ème siècle.

Quelques-unes de ces fleurs se terminent par une pointe en forme de narine (« Yacatl »), ce qui veut dire que nous avons là, comme sous une forme de rébus habituelle aux manuscrits aztèques, le nom même de la colline des apparitions : « Tepeyacatl », la colline qui était miraculeusement couverte de fleurs en un jour où celles-ci étaient impossibles.

Très impressionné par ces premières découvertes, le Père Mario Rojas essaya alors de voir si l'on pouvait aller plus loin. Il découvrit ainsi que les différents signes de la tunique semblaient correspondre à la carte du Mexique à une échelle de 1/ 1.000.000.

Mystérieuse genèse de l'image d'origine
Le professeur Callahan en vient alors à s'interroger sur la méthode d'exécution dont témoignent les différents stades de l'œuvre.

L'original est le simple portrait sur le tissu comprenant la robe rose, le voile bleu, les mains et le visage.

Au terme d'une étude aux infrarouges, c'est ce portrait qui constitue une énigme inexplicable : « *Il n'y a aucune façon d'expliquer ni la sorte de pigments colores utilisés, ni la permanence de la luminosité de la couleur et de l'éclat des pigments à travers les siècles... Il est remarquable qu'après plus de quatre siècles il n'y a eu aucun craquèlement ni effacement du portrait d'origine sur aucune partie de la tilma d'agave qui, étant non apprêtée, aurait dû se détériorer depuis des siècles.* » Et pourtant, les photos à l'infrarouge prouvent qu'ils n'ont jamais été retouchés ou repeints.

Le Dr Callahan se demande comment un homme a pu avoir l'audace de décorer une Image sacrée. Il en vient à formuler une hypothèse ingénieuse. L'Image a dû subir de graves dommages au cours de l'inondation de 1629. Il est connu en tout cas qu'elle fut alors transportée à la cathédrale de Mexico où elle séjourna entre 1629 et 1634. C'est en cette occasion, selon le professeur, qu'elle aurait été pliée en triptyque, par deux fois, différemment chaque fois, ce qui a causé la double cassure que l'on observe au premier et au deuxième tiers du corps de la Vierge. Et comme, « *selon toutes probabilités, la sainte Image avait souffert quelques dommages de l'eau, spécialement sur l'ensemble du pourtour, l'ange et d'autres décorations, aussi bien que le blanc de la fresque extérieure, furent ajoutés pour les couvrir. Ce n'est pas une autre méthode que celle des pièces ajoutées au Suaire de Turin pour couvrir les dommages du feu subis par la sainte relique.* »

Peut-on aller plus loin et identifier l'auteur de cette ingénieuse restauration ? Le Dr Callahan risque une hypothèse fort séduisante : c'est le bachelier Miguel Sánchez qui aurait réalisé lui-même ou fait exécuter ce travail. Le livre de ce dernier est tenu par Lafaye, à la suite de Francisco de La Maza, pour « *le premier évangile de Guadalupe* » *(supra)*. Or, à lire attentivement cet essai, remarque Callahan, « *il y est littéralement suggéré qu'il fit lui-même la chose en question. L'essai fut écrit en 1648, quelques années seulement après le retour de la peinture à la colline du Tepeyac* ».

Ce que nous avons appelé, avec Lafaye, « l'exégèse audacieuse » de Miguel Sánchez, identifiant la Vierge du Tepeyac à la Femme d'Apocalypse XII, se serait donc prolongé en œuvre artistique pour mieux montrer dans l'Image simple des origines la Vierge d'Apocalypse. La preuve de cette audacieuse hypothèse, le Dr Callahan croit la découvrir à la fin de l'essai de Miguel Sánchez, lorsque ce dernier parlant de l'Image comme du « *nouvel original en Apparition* » déclare « *placer sa confiance dans l'enseignement d'Ecclésiastique 38, 28 !* »

Reportons-nous à ce chapitre qui traite des métiers manuels comparés à l'office de scribe qui procure la sagesse. Les versets 27 et 28 décrivent les ouvriers et artisans « *qui font profession de graver les sceaux et qui s'efforcent d'en varier le dessin ; ils ont à cœur de bien reproduire le modèle* ». Pareillement le forgeron : « *Il a les yeux rivés sur son modèle ; il met tout son cœur à bien faire son ouvrage et il passe ses veilles à le parfaire.* » Quel aveu secret d'un travail caché !

M'en ouvrant un jour à un « expert en mexicanité », je m'entendis répondre que jamais un Mexicain n'aurait osé modifier une image miraculeuse. La présence même de telles retouches, qui me paraissait évidente, était une preuve, aux yeux de mon interlocuteur, de l'absence de tradition apparitionniste à l'époque où elles avaient été exécutées. Callahan dissipe l'objection par une simple observation qui montre qu'il joint à beaucoup de science une profonde connaissance des mœurs mexicaines.

« *Contrairement à la plupart des saintes reliques, la Vierge de*

Guadalupe n'a pas été tenue cachée loin des yeux du peuple. Vu la précaution avec laquelle les reliques sont ordinairement traitées, cela est déjà, en soi, miraculeux. On pourrait le considérer comme symbolique du renversement de l'élitisme et de l'esprit étroit du comportement européen, en faveur de l'ouverture et de l'exubérance des peuples du Nouveau Monde, indigènes et immigrants réunis. C'est une façon de vivre démontrée par le caractère même du premier évêque de Mexico, don Fray Juan de Zumárraga. C'était l'une des plus hautes personnalités du Nouveau Monde. Et c'est lui qui reconnut le premier le caractère unique de la Vierge de Guadalupe. » C'est en fonction de cette mentalité tout à fait nouvelle et originale en chrétienté, qu'il faut comprendre que l'Image ait été si longtemps conservée dans un ermitage « *qui n'était pas une église moderne à air conditionné, mais plus* sûrement *un bâtiment aux fenêtres ouvertes, humide et d'une atmosphère enfumée par les bougies* ». Callahan a calculé que « *plus de six cents microwatts de lumière quasi ultraviolette se dégagent d'une simple bougie bénite catholique ! Multipliez cela par des centaines de bougies de dévotion, placées à l'autel d'une petite chapelle, près de la* peinture non *protégée par une vitre filtrante, et il est impossible de comprendre comment l'image a pu résister. Un excès d'ultraviolet efface rapidement la plupart des pigments de couleur, organiques ou inorganiques, spécialement les pigments bleus.*

« *Malgré cela, le portrait original est aussi frais et net que le jour où il fut réalisé.* »

C'est la même ingénuité, justifiée par le même miracle, qui explique la liberté prise par Miguel Sánchez d' « *embellir* » l'Image. Les rajouts « *apportent un élément humain à la fois charmant et édifiant... C'est comme si Dieu et l'homme avaient travaillé conjointement pour créer une œuvre d'art.* »

1.1.6 Etude scientifique des yeux
Phénomène de Purkinje-Samson
Principe

Le phénomène de Purkinje-Samson est un phénomène optique mis en évidence d'abord en 1832, à Breslau, par le docteur Purkinje et confirmé à Paris par le docteur Samson dans un ouvrage publié à Bruxelles en 1838.

Selon cette loi optique, un objet bien éclairé se trouvant entre 30 et 40 centimètres d'un œil va s'y refléter trois fois. Le premier reflet est dans le sens normal, la tête en haut, sur la surface de la cornée. Le deuxième reflet est inversé, la tête en bas, sur la surface antérieure du cristallin. Le troisième reflet est en sens normal, sur la surface postérieure du cristallin.

Les trois images correspondent à des tailles différentes bien précises. Pour les observer, il faut diriger vers l'œil un faisceau très étroit de lumière intense et à courte distance. En imprimant au faisceau de lumière de petits mouvements, on observe plus facilement ces images.

Celles qui sont en sens normal, la tête en haut, se déplacent alors dans le même sens que le faisceau de lumière. Celle qui se présente inversée, la tête en bas, se déplace dans le sens inverse du faisceau.

Si l'on place la flamme d'une bougie devant un œil sain, on aperçoit à l'intérieur de l'œil trois petites images de la flamme : deux sont droites et suivent le mouvement que l'on imprime à la bougie ; la troisième est renversée et se déplace en sens inverse. Des deux images droites, l'une paraît beaucoup plus brillante et localisée sur un plan antérieur, par rapport à l'autre qui paraît plus pâle et plus profonde. L'une et l'autre sont réfléchies respectivement par la face antérieure de la cornée et la face antérieure du cristallin, qui agissent comme des miroirs convexes. L'image inversée est sur un plan intermédiaire ; elle est réfléchie par la face postérieure du cristallin qui agit comme un miroir

La position respective de ces trois images varie avec la distance de la bougie à l'œil, « *mais en général, écrit Lavoignet, on peut dire que l'image de la cornée correspond plus ou moins au plan pupillaire ; celle de la face antérieure du cristallin correspondrait virtuellement au plan vitréen, et celle que reflète la face postérieure est de nouveau très proche du plan pupillaire encore qu'à l'arrière de la première et par-devant la seconde. »*

Il poursuit : « *Projetées sur le plan pupillaire, les images se succèdent apparemment dans cet ordre : la première, cornéenne, virtuelle, droite, la plus brillante et la plus proche du bord de la cornée dans laquelle se trouve le foyer de lumière ; la seconde, cristalline antérieure, également droite et virtuelle, plus grande que la cornéenne et plus faible qu'elle, est intermédiaire ; et la troisième, cristalline postérieure, inversée, réelle, la plus petite, plus lumineuse que la seconde et que la première, située près du bord pupillaire opposé au foyer de lumière.* »

Yeux vivants et yeux morts

Les reflets sont visibles sur le cercle sombre de la pupille de l'œil droit de la Vierge de Guadalupe d'une manière rigoureusement conforme à certaines lois de l'optique physiologique qui n'ont été découvertes qu'au XIXe siècle, par deux chercheurs qui les formulèrent indépendamment l'un de l'autre : Purkinje, de Breslau, et Sanson, de Paris.

Les trois reflets ne sont pas visibles sur la copie d'Abbeville.

La comparaison des yeux de l'Image originale, en haut, avec ceux de la copie conservée à Abbeville, en bas, (église Saint-Sépulcre, XVIIe siècle) montre toute la différence entre des yeux « vivants », et des yeux « morts » quoique peints à la perfection. Remarquez sur ces derniers les traces laissées par le pinceau, les cloques qui boursouflent la surface et sont dues aux liants employés par l'artiste ; en outre la macrophotographie de l'œil droit, en bas à gauche, révèle que l'apprêt en « bougeant » a déformé la toile.

En haut yeux de Notre-Dame de Guadalupe en bas copie d'Abbeville

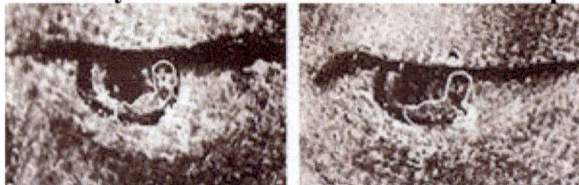

Personnage dans les yeux de Notre-Dame de Guadalupe

La « présence » extraordinaire de ce regard s'explique par les reflets qui l'animent : un personnage (détouré sur un agrandissement de l'œil droit, en bas à gauche, et de l'œil gauche, en bas à droite) sur lequel la Vierge abaisse les yeux, en se réfléchissant dans la pupille, en brise la rondeur et l'éclaire.

Cette macrophotographie de l'œil droit, dans sa vérité physiologique minutieuse et sans faille, pose toute la question de la genèse mystérieuse de l'Image.

Tout se passe comme si l'ayate de Juan Diego s'était comporté comme une plaque sensible et avait photographié l'Apparition, en positif-couleur, au moment où un homme se reflétait dans la pupille de ses yeux. C'est prodigieux !

Un neurologue, le docteur Jorge Alvarez Loyo a tenté de reconstituer expérimentalement la scène avec deux personnes et de les photographier sous des angles différents sans parvenir à ce que les images reflétées dans les yeux de celle qui jouait le rôle de la Vierge soient au même endroit que dans les yeux de l'Image originale. « Alors il eut l'idée de faire un petit trou au centre de la tilma de la personne qui jouait le rôle de Juan Diego » et de prendre la photographie à travers ce trou. « Il obtint aussitôt le résultat recherché. » Il y avait donc dans la scène de l'apparition un troisième sujet qui observait la scène, et ce troisième sujet était l'ayate.

La Vierge Marie étant le premier sujet, le second sujet dont l'image se reflète dans sa pupille, ne peut donc être que le porteur de l'ayate, c'est-à-dire Juan Diego. La ressemblance est d'ailleurs frappante entre la silhouette cornéenne et le portrait traditionnel du voyant.

Conclusion

Il est impossible d'attribuer au hasard, à un accident du textile ou de la matière picturale cette extraordinaire coïncidence entre la localisation des reflets dans les yeux de la Vierge, et les lois de l'optique physiologique la plus élaborée, la plus moderne. D'autant qu'il semble bien que ces trois reflets codent une distance focale différente. C'est leur propriété la plus étonnante, qu'a révélée une expérience du docteur Lavoignet. Si l'on dirige la lumière d'un ophtalmoscope, monté avec la lentille convenable, sur le reflet correspondant à l'image n° 2 de Purkinje, le reflet se remplit de lumière et « brille comme un petit diamant ». Or, on obtient le même résultat avec le troisième reflet, à condition de changer de lentille. Chacun de ces reflets a donc enregistré les distances focales des deux faces du cristallin, et l'œil « *peint* » sur une surface plane et opaque se comporte en présence de la lumière comme un œil vivant. Mystérieusement, la lumière entre dans « *la profondeur* », ce qui explique d'ailleurs le phénomène mentionné plus haut : lorsque Lavoignet braque la lumière de l'appareil – comme pour *faire un fond d'œil* – l'œil s'éclaire, l'iris devient brillant.

Il y a là un phénomène de *tridimensionnalité,* certes d'une essence toute différente de celui que l'on observe sur le Saint Suaire, mais qui, comme lui, et s'ajoutant au fait que la découverte de Purkinje date du XIXe siècle, exclut absolument l'hypothèse de l'*artéfac* humain, au moins le rend-il hautement improbable.

1.1.7 Science, personnages dans les yeux

Historique
Examen de 1929 à 1956

En 1929, le photographe officiel de l'ancienne basilique de Guadalupe, Alfonso Marcué, à Mexico, découvre sur une photo en noir et blanc qu'il a prise lui-même le reflet d'un homme barbu dans l'œil droit de la Vierge. Il a aussitôt informé la hiérarchie de cette découverte, mais pendant la persécution religieuse les autorités de l'Eglise préféraient ne pas attirer l'attention sur elles.

Le 29 mai 1951 à 20h45, le dessinateur J. Carlos Salinas Chavez regarde avec une loupe, sur une simple photo en noir et blanc qu'on lui a fournie. Il voit un homme barbu dans l'œil droit de l'image, puis il le voit aussi dans l'œil gauche, au même endroit que l'image qui se réfléchit dans un vrai œil, un œil vivant. Il prend cet homme barbu pour Juan Diego.

Le 27 mars 1956 (relaté seulement le 26 mai 1956), l'ophtalmologue mexicain Javier Torroella Bueno confirme ces découvertes. Le premier rapport médical sur les yeux de la « *Virgen Morena* » de Tepeyac est rédigé. Il valide la présence de trois reflets (l'effet Samson-Purkinje), situés exactement là où ils devraient être sur un œil humain vivant.

Examen du chirurgien ophtalmologue Lavoignet

Le docteur Rafael Torija Lavoignet, chirurgien, examine l'Image originale, à la basilique, à cinq reprises, entre juillet 1951 et mai 1958.

Consulté une première fois, Lavoignet est simplement invité à examiner de près les yeux de la Vierge, et il le fait d'abord à l'œil nu : « *Quelques détails me surprirent, particulièrement les reflets lumineux.* »

Il demande alors une loupe : « *Je ne savais pas qu'on avait découvert un buste humain dans les yeux de la Guadalupana. J'observais avec une plus grande attention et je m'aperçus qu'effectivement on voit un buste humain dans la cornée des deux yeux. Je l'observais d'abord dans l'œil droit puis dans le gauche. Surpris, je pensais qu'il était* nécessaire *d'examiner le fait au moyen de procédés scientifiques.* »

Quinze jours plus tard, le 23 juillet 1956, Lavoignet procède à un examen minutieux avec un ophtalmoscope. Et sa découverte est prodigieuse : « *Dans la cornée des yeux on perçoit l'image d'un buste humain. La distorsion et l'emplacement de l'image sont identiques à ce qui se produit dans un œil normal. Quand on dirige la lumière de l'ophtalmoscope sur la pupille d'un œil humain, on voit briller un reflet lumineux sur le cercle externe de celle-ci. En suivant ce reflet et en changeant les lentilles de l'ophtalmoscope convenablement on obtient l'image du fond de l'œil.*

« *En dirigeant la lumière de l'ophtalmoscope sur la pupille de l'œil de l'image de la Vierge, apparaît le même reflet lumineux. Et par suite de ce reflet, la pupille s'illumine de façon diffuse donnant l'impression de relief en creux (...). Ce reflet est impossible à obtenir sur une surface plane et, qui plus est, opaque comme est cette peinture.*

« *J'ai par la suite examiné au moyen de l'ophtalmoscope les yeux sur diverses peintures à l'huile, à l'aquarelle, et sur des photographies. Sur aucune d'elles, toutes de personnages distincts, on n'apercevait le moindre reflet. Tandis que les yeux de la Sainte Vierge de Guadalupe donnent une impression de vie.* » La comparaison avec les yeux de la copie d'Abbeville met bien en évidence cette différence entre un œil « mort » et un œil « vivant ».

L'ophtalmologue et chirurgien Rafael Torija Lavoignet explique au Frère Bonnet-Eymard la découverte qu'il fit le 23 juillet 1956 : « *Quand on dirige la lumière de l'ophtalmoscope sur la pupille d'un œil humain, on voit briller un reflet lumineux sur le cercle externe de celle-ci… En dirigeant la lumière de l'ophtalmoscope sur la pupille de l'œil de l'Image de la Vierge, apparaît le même reflet lumineux. Et par suite de ce reflet, la pupille s'illumine de façon diffuse donnant l'impression de relief en creux… Ce reflet est impossible à obtenir sur une surface plane et, qui plus est, opaque… J'ai par la suite examiné au moyen de l'ophtalmoscope les yeux sur diverses peintures à l'huile, à l'aquarelle, et sur des photographies. Sur aucune d'elles, toutes des personnages distincts, on n'apercevait le moindre reflet. Tandis que les yeux de la Sainte Vierge de Guadalupe donnent une impression de vie.* »

Le 20 septembre 1958, il découvre dans l'un des yeux que le phénomène de Purkinje-Samson y est parfaitement respecté.

Examen de plusieurs docteurs en 1975

Le 5 août 1975, le docteur Amado Jorge Kuri vérifie le phénomène de Purkinje-Samson. Quelques mois plus tard le docteur Eduardo Turati Alvarez, ophtalmologue réputé, fait le même constat. Le 23 décembre 1975, le docteur José Roberto Ahued reconnaît dans un témoignage écrit qu'il a bien constaté le même phénomène. Le 9 janvier 1976, nouveau témoignage rendu par le docteur et professeur Enrique Graue, directeur de l'Institut mexicain d'ophtalmologie.

21 février 1976, témoignage du docteur Torroella...

Torroella écrit en date du 21 février 1976, de l'Institut mexicain d'ophtalmologie tropicale, à S. Cristobalde Las Casas, dans l'État de Chiapas : « *Nous, les ophtalmologistes, nous ne pouvons pas déterminer si l'Image de Notre-Dame de Guadalupe est ou n'est pas une œuvre surnaturelle et même si les images que nous voyons dans ses yeux sont réellement des images ou de simples accumulations de peinture. Cela est l'affaire d'autres spécialistes.*

« *Par ailleurs, nous devons nous dépouiller de tout guadalupanisme, bien que nous soyons très guadalupanos, et nous placer sur un terrain nettement scientifique.*

« *Sur ces bases, je puis déclarer que dans l'Image de Notre Dame de Guadalupe, on distingue :*
Dans l'œil droit

1. Dans la portion interne *de la cornée (entre les 3 et 6 du cercle horaire) le visage d'un homme barbu.*

2. Pour observer la dite figure, il n'est pas nécessaire d'employer un quelconque appareil. On peut avoir une bonne appréciation avec l'aide d'une simple loupe.

3. Cette image correspondrait à la première image de Purkinje pour autant quelle est droite, non inversée et facilement visible.
Dans l'œil gauche

1. Dans la portion externe de la cornée on voit avec **difficulté (entre les 3 et 6 du cercle horaire)** une image semblable à celle de l'œil droit mais décentrée *(desenfocada)*.

2. id.

3. id.

Dans les deux yeux

1. Du point de vue optique et conformément à la position de la tête dans l'Image de Notre-Dame de Guadalupe, la localisation des images dans chaque œil est correcte (interne dans le droit et externe dans le gauche).

2. La silhouette, dans l'œil gauche, ne se distingue pas clairement pour la raison suivante : pour que dans l'œil droit on voie avec netteté l'objet, il doit être placé à quelque 35 ou 40 cm de cet œil, et pour autant il se trouve à quelques centimètres plus loin de l'œil gauche, suffisamment pour être hors du foyer et la silhouette se voit floue. »

Article de 1987, Tonsmann

A partir de 1979, les recherches s'accélèrent grâce à l'utilisation d'appareils à haute définition. Jose Aste Tosmann, spécialisé dans les systèmes informatiques et ingénieur civil de profession, examine minutieusement les yeux de la Vierge, et ferait une découverte étonnante: il déclare avoir repéré d'autres formes humaines dans les deux yeux.

Le Dr. Jose Aste Tonsmann, ophtalmologue, agrandit plus de 2500 fois l'image des yeux de la Vierge et affirme avoir trouvé non seulement le personnage unique susmentionné, mais également des images de tous les témoins présents lors de la première révélation de la tilma devant Mgr Zumárraga en 1531.

Tous les chercheurs reconnaissent le même phénomène, ainsi vérifié plus de vingt fois. Mais dans un article plus récent, du 24 août 1987, le docteur Jorge E. Padilla signale qu'Aste Tonsmann, de l'Université Cornell (New York), a encore découvert dans les yeux de l'image de la Vierge trois autres reflets. L'un de ces reflets, révélé par le docteur Tscherning, se trouve sur la face postérieure de la cornée. Les deux autres, découverts par les docteurs Vogt et Hess, sont situés dans le noyau du cristallin. A la différence des précédents, ils ne se déplacent pas en fonction des mouvements du faisceau lumineux. Or, le professeur

Aste Tonsmann a retrouvé ces trois reflets dans les yeux d'une photographie non retouchée de la Vierge de Guadalupe.

Il est très important de souligner en outre que ces reflets ne peuvent être observés que sur des yeux vivants de personnes vivantes, jamais sur des peintures. Février 1979 : José Aste Tonsmann travaille sur photo avec un micro densitomètre. C'est l'appareil qu'il utilise pour analyser les images de la Terre retransmises par satellites. Dans un carré de 1 X 1 millimètre, son appareil distingue 1600 points. Pour certains détails, il règle son appareil pour analyser 27778 points dans un millimètre carré. Des agrandissements sont ensuite réalisés, selon les cas, de trente à deux mille fois.

Il ne faut pas oublier que ces reflets ne se trouvent que dans la cornée des yeux et que, sur l'image, la cornée n'a que sept à huit millimètres de diamètre. En outre, comme on peut le voir sur les photos, les paupières de la Vierge sont à moitié baissées. Les images obtenues sont cependant loin d'être aussi nettes qu'on le souhaiterait. Mais cela provient surtout du fait que le tissu lui-même a une trame trop lâche. Il n'est pas sans intérêt de rappeler ici que l'existence de reflets dans l'œil n'a été vraiment démontrée que dans les années 1880 par von Helmholtz. On a pu reconnaître au moins 9 personnes dans les yeux de Marie ! L'idée même d'essayer de peindre de tels reflets était donc complètement impossible au $16^{\text{ème}}$ siècle, sans parler des reflets de Purkinje-Samson, de Tscherning, de Vogt et de Hess. Par ailleurs, une telle finesse d'image était absolument inconcevable. Reste à savoir, évidemment, comment ces reflets ont pu se former et s'imprimer ainsi sur l'ayate de Juan Diego comme sur une plaque photographique. On est ici, en pleine folie. Mais les images sont là. On ne peut simplement les ignorer. Les photos utilisées ont été très nombreuses, toutes prises directement sur l'original – et la majorité d'entre elles sans la vitre protectrice – en noir et blanc, en couleurs, en positifs, en transparents et en négatifs. La numérisation (ou digitalisation) permet de récupérer des détails qui sont perdus pour nos yeux. L'œil humain peut distinguer, par exemple, de 16 à 32 nuances de gris, alors que le micro densitomètre peut en distingué jusqu'à 256.

Plusieurs sortes de filtres ont été utilisées. D'abord des filtres de confirmation qui, en éliminant les taches accidentelles, mettent en valeur automatiquement les véritables contours des objets. Puis des filtres visant à accentuer ou réduire les contrastes, selon les cas, pour faire ressortir certaines parties des photos. Le professeur Tonsmann a réalisé une contre-épreuve très simple. Il a fait photographier les yeux de sa fille en train de regarder devant elle et il a constaté qu'il était effectivement possible de reconnaître ainsi ce qui se trouvait devant elle au moment où la photo a été prise. Benitez signale deux autres contre-épreuves, l'une réalisée par Jesus Ruiz Ribera du 7 septembre 1957 au 7 décembre 1958, l'autre par le professeur C. J. Wahlig de Woodside (New York) en 1962, avec une quarantaine de photos.

  Les résultats confirment parfaitement la possibilité pour la cornée de l'œil de fonctionner comme un miroir convexe, permettant de reconnaître, avec un peu d'exercice, ce que la personne photographiée voyait au moment de la prise de vue. L'homme barbu devait se trouver à une distance de 30 à 40 centimètres des yeux de la Vierge au moment de la formation de l'image, c'est-à-dire extrêmement près. On a pu reconnaître ainsi, successivement, dans les yeux de la Sainte Vierge : - un Indien (probablement Juan Diego) ; - un franciscain très âgé sur la joue duquel on croit reconnaître une larme (probablement l'évêque Zumarraga) ; - un jeune homme qui se tient la barbe dans une attitude de grande perplexité (celui pour lequel le phénomène de Purkinje-Samson a été vérifié) ; - un autre Indien, dont le corps apparaît en entier, torse nu, les lèvres entrouvertes, dans l'attitude de la prière ; - une femme aux cheveux crépus (probablement une servante noire de l'évêque) ; - une femme avec deux enfants et un bébé enveloppé sur son dos ; - un autre homme avec un sombrero qui semble parler à cette femme ; - un autre homme et une autre femme qui semblent observer la scène ; - une partie d'un meuble et une partie de la courbe du plafond, etc. Selon le Dr Tonsmann, de gauche à droite nous pouvons voir "l'Indien", "l'évêque Zumarraga", le "traducteur", "Juan Diego montrant le tilma" et au-dessous "la famille".

  Dernières découvertes de Tonsmann : dans l'œil de l'Indien nu et assis, il semble que l'on ait le reflet d'un Indien avec un grand nez aquilin, pommette saillante, qui pourrait bien être Juan Diego. Enfin dans l'œil de cet Indien et dans celui de l'homme barbu, ces deux personnages se trouvant être plus grands que les autres parce que probablement plus près de la Mère de Dieu, les reflets découverts semblent suivre, eux aussi, la loi de Purkinje-Samson. Mais les dernières recherches de

Tonsmann remontent déjà à 1981, et, depuis, les appareils disponibles ont encore été bien améliorés. Il devait être possible de reconstituer maintenant le relief de la scène, c'est-à-dire la position respective de chacun des personnages.

En 1991, des examens conduits par des ophtalmologues réputés, sous la direction de Jorge Escalante, ont constaté que le bord des paupières de l'image présentait les signes très nets d'une microcirculation artérielle.

Luis Nishizawa

Luis Nishizawa, professeur de la « Escuela Nacional de Artes Pasticas » à l'UNAM mène une étude sur l'image. À l'issue, il déclare que le visage de la Vierge est un visage vivant, il précise : le visage de la Vierge est magnifique, il ne s'est jamais vu quelque chose de semblable à la limite de la technique. Avis de tous les participants, l'image est bien datée du début du XVIe siècle, sans aucun doute, utilisation de multiples techniques, sans aucun ordre comme cela est le cas d'un peintre qui aurait étudié dans une école des arts. Le merveilleux de l'image est qu'elle est pleine de perfection et de beauté. Dans son livre, Chiron ajoute les couleurs elles-mêmes, pour l'essentiel, ne sont pas passées.

Diagnostic des ophtalmologues

Tout se passe comme si le rayon lumineux entrait dans une cavité, remplissant un globe oculaire volumétrique, irradiant à l'intérieur une lumière diffuse. J'ai fait moi-même l'expérience avec un ophtalmoscope. L'œil de la Vierge, d'une couleur noisette, mordorée, *s'allume*. On voit alors briller à sa surface, très distinctement, la silhouette d'un buste humain : tête tournée de trois quarts vers la droite de la Vierge, et légèrement inclinée, thorax encadré et prolongé par un mouvement des bras qui se portent en avant comme pour montrer quelque chose. Tout se passe comme si, au moment de *l'impression* de l'Image, un homme qui se trouvait en face de la Vierge et qui se reflétait sur sa cornée avait été *photographié* lui aussi de cette manière indirecte.

Il y a plus : l'image de ce buste présente une déformation exactement conforme aux lois d'une telle réflexion *in vivo*. Un autre chirurgien, le docteur Javier Torroella Bueno l'a observé : « *Si nous prenons un bout de papier carré et le plaçons en face d'un œil, nous nous rendons compte que la cornée n'est pas plane (ni sphérique non plus) car il se produit une distorsion de l'image qui est fonction de l'endroit de la cornée où elle se réfléchit.* » (op.cit. p.18) De plus, si on éloigne le papier à une certaine distance, il se réfléchit aussi « *dans le coin contre-latéral de l'autre œil, c'est-à-dire que si une image se reflète dans la région temporale de l'œil droit, elle se reflétera dans la région nasale de l'œil gauche.* » L'expérience se vérifie sur notre Image, dans des conditions inverses : la silhouette du même homme barbu se réfléchit dans la région nasale de l'œil droit et apparaît également dans le coin temporal de l'œil gauche ; la distorsion de l'image réfléchie est encore plus frappante, obéissant parfaitement aux lois de la courbure de la cornée.

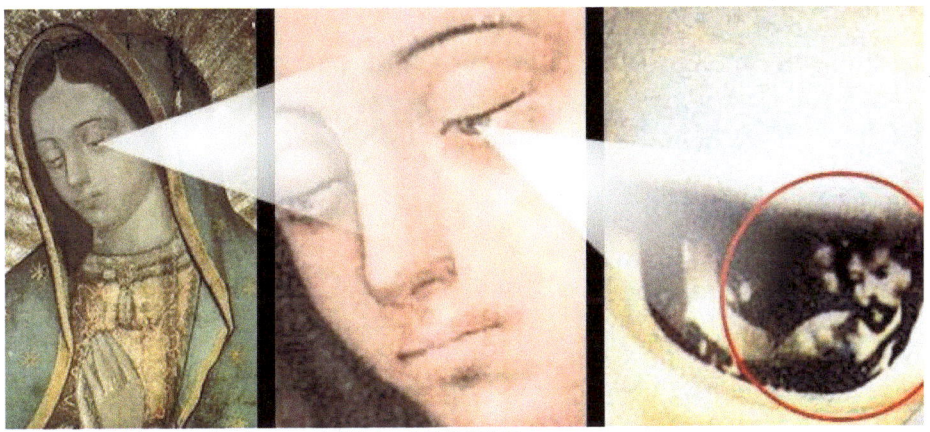

Pildoras de fe - publié le 27/05/17

Selon plusieurs experts, l'image laissée par la Sainte Vierge laisserait distinguer dans ses yeux treize formes humaines.

Les yeux de Notre-Dame de Guadalupe restent un grand mystère pour la science. L'un des plus grands spécialistes, le mexico-péruvien Jose Aste Tosmann, travaille dessus depuis 1975. Une longue série de recherches a abouti à cette découverte étonnante: sur la pupille des yeux de la Vierge se reflèteraient 13 formes humaines : un indigène, un vieil homme, un jeune homme, saint Juan Diego, une femme noire, un barbu et une jeune femme.

Avec la haute définition

Le diamètre des cornées (7- 8 millimètres) exclurait toute possibilité que quelqu'un ait pu dessiner ces personnages dans les yeux, si l'on tient compte du matériel grossier sur lequel est immortalisée l'image.

Les personnages sur les pupilles

20 années d'études, permettraient donc de distinguer 13 figures :

1 – Un indigène

L'indigène apparaîtrait en entier, assis par terre. La tête légèrement levée, il semble regarder vers le haut, en signe d'attention et de respect. On aperçoit comme un anneau à l'oreille et des sandales aux pieds.

2 – Un vieil homme

Après l'indigène, on verrait le visage d'un vieil homme, chauve, le nez proéminent et droit, les yeux enfoncés regardant vers le bas et une barbe blanche. Certains estiment qu'il ressemble à l'évêque de Mexico Juan de Zumárraga, tel qu'il apparaît dans les peintures de Miguel Cabrera du XVIII siècle.

3 – Un jeune homme

A côté du vieil homme, se tiendrait un jeune homme, une expression d'étonnement sur le visage. La position des lèvres laisse imaginer qu'il s'adresse à l'évêque. Vu la proximité des deux hommes, il pourrait s'agir d'un traducteur, car l'évêque ne parlait pas la langue nahuatl. Pour les tenants de l'authenticité des images, il s'agirait du jeune espagnol Juan González, né entre 1500-1510.

4 – Juan Diego

Puis on voit le « visage » d'un homme mûr, dont les traits évoquent ceux d'un indigène, une barbe clairsemée, le nez aquilin et les lèvres entrouvertes. Il porte un chapeau en forme de cornet, coiffe courante chez les indigènes de l'époque, pour travailler dans l'agriculture. Selon le chercheur, cette image correspond au voyant Juan Diego.

5 – Une femme de race noire

Juste derrière le présumé Juan Diego, apparaîtrait une femme sans doute noire aux yeux pénétrants. Son regard exprime l'étonnement. On ne voit que son buste et son visage. Le père Mariano Cuevas, dans son livre *Historia de la Iglesia en México*, indique que Mgr Zumárraga, dans son testament, avait accordé la liberté à l'esclave noire qui l'avait servi au Mexique.

6 – Un barbu

A l'extrême droite des deux cornées se dresserait un homme barbu, les traits européens, qui n'a pu donner lieu à aucune interprétation. Il semble en contemplation. Son visage exprimerait intérêt et perplexité ; il fixerait du regard l'endroit où l'indigène explique son manteau.

Mystères dans le mystère (les figures 7, 8, 9, 10, 11, 12 et 13)

Au milieu des deux yeux apparaîtrait « un groupe familial indigène ». La taille des figures n'est pas la même que les autres mais elles forment une scène à part.

(7) Une jeune femme aux traits fins semble regarder vers le bas. Elle porterait sur la tête une sorte de tresse ou des cheveux tressés de fleurs. Sur son dos on distinguerait la tête d'un enfant dans un manteau (8).

Plus bas, à droite de la jeune mère, se tient un homme coiffé d'un chapeau (9), et entre les deux, deux enfants (un garçon et une fille, 10 et 11). Puis deux figures encore, cette fois un homme et une femme d'âge mûr (12 e 13), debout derrière la jeune femme.

L'homme mûr (13) est la seule figure que le chercheur n'a pas réussi à trouver dans les deux yeux de la Vierge. Il n'est présent que dans l'œil droit.

Conclusion

Le 9 décembre 1531, la Vierge Marie avait demande à l'indigène Juan Diego de lui faire construire un temple sur la colline de Tepeyac pour faire connaître Dieu et « pour réaliser ce que souhaite sa miséricorde compatissante (…) », Nican Mopohua n. 33.

Selon l'auteur, ces 13 figures révèleraient dans leur ensemble un message de la Vierge Marie pour l'humanité : devant Dieu, les hommes et les femmes de toutes races sont égaux.

Les figures qui forment le groupe familial (de la figure 7 à 13) dans les deux yeux de la Vierge de Guadalupe, sont, d'après Jose Aste Tosmann, les plus importantes, parce qu'elles se trouvent dans ses pupilles, ce qui veut dire que la famille est au centre de son regard compatissant. Cette image pourrait être une invitation à rechercher l'unité familiale, à aller vers Dieu en famille, surtout aujourd'hui, alors que les valeurs de la famille sont si malmenée par la société moderne

Article traduit l'italien *par Isabelle Cousturié*

1.2 Notre-Dame de Las Lajas en Colombie
1.2.1 Histoire
Histoire

Le lieu de l'événement se situe dans les Andes équatoriales à 2600 mètres d'altitude, à mi-chemin d'un profond ravin sur la rivière Guáitara, dans la municipalité d'Ipiales, à la pointe sud de la Colombie actuelle, à dix kilomètres de la frontière avec l'Equateur.

Une indienne, Maria Mueses de Quiñones, surnommée « La Juana », fait assez fréquemment une longue marche de près de 11 km entre son village Potosi et la ville d'Ipialès.

Le 16 septembre 1754, Maria, porte sur son dos, à la mode indienne, sa petite fille Rosa de cinq ans, sourde et muette de naissance. Maria arrive près de Las Lajas, là où le sentier traverse un profond ravin au fond duquel coule la rivière Guaitara. Maria n'aime pas cette partie du sentier car des rumeurs courent au sujet d'une grotte hantée près de Las Lajas. Maria continue cependant et monte la longue côte, jusqu'à Las Lajas. Puis elle s'assit sur un rocher, et met Rosa à terre.

Comme tous les jeunes enfants, Rosa se dégourdit les jambes et entre dans une grotte. Au bout de quelques minutes, Rosa sort de la grotte en criant : « Maman, regarde, il y a une métisse avec un petit métis dans ses bras et deux métis sur les côtés ! »

Maria s'affole car c'était la première fois qu'elle entend sa fille parler. Elle ne regarde pas dans la grotte mais, saisit l'enfant et court à Ipiales. Maria raconte ce qui s'est passé, mais personne ne la prend au sérieux, bien que la fillette sourde et muette se soit mise à parler…

María parcourt ensuite les 7 kms qui lui restent pour atteindre Ipialès. En arrivant à la maison de la famille Torresano, ses anciens employeurs, elle raconte ce qui s'est passé, mais personne ne la croit.

Au retour, Maria entre dans la grotte. Elle ne voit rien mais Rosa entend la dame l'appeler : « Mamita, la métis m'appelle ! ». Maria se hâte de partir… Maria raconte tout dès son retour à Potosi.

Quelques jours plus tard, la petite Rosa disparaît de sa maison. Après l'avoir cherchée partout, Maria se dit que sa fille a dû aller à la grotte. En effet, l'enfant disait souvent que la Dame l'appelait... Maria court donc à Las Lajas et trouve sa fille en face d'une noble Dame, jouant avec un enfant qui avait quitté les bras de sa mère pour laisser la petite fille profiter de sa tendresse divine. Immédiatement Maria tombe à genoux, sûre qu'elle a vu la Sainte Vierge et l'Enfant Jésus.

Depuis, Rosa porte de temps en temps des fleurs sauvages et des bougies dans la grotte. Un jour, Rosa s'agenouille au fond de la grotte devant une image mystérieuse de la Vierge à l'Enfant, vêtue d'une tunique rose parsemée de fleurs dorées et d'un manteau blanc orné d'étoiles, d'environ 1,40 m de haut, peinte sur une pierre plate. Notre-Dame tenait un chapelet dans la main droite qu'Elle tendait à saint Dominique, à genoux à sa droite. Jésus donnait un cordon à saint François, à genoux à gauche de sa Mère. Des rayons lumineux entouraient l'Enfant et la Vierge. L'image était comme peinte sur la roche, ou gravée… et personne ne l'avait jamais vue…

Quelques temps après, Rosa tombe malade et meurt. Sa mère, Maria, décide de porter le corps de la fillette au pied de la Vierge Marie, là bas, près de la rivière Guaitara. Et la Vierge Marie obtient de son divin Fils la résurrection de l'enfant.

Alors, la maman ivre de joie, retourne à Ipiales, où elle arrive vers 22h. Elle frappe à la porte de la famille Torresano à qui elle raconte le nouveau prodige. Le témoignage est impressionnant, les preuves sont accablantes, il ne reste plus qu'à avertir le Seigneur. Malgré les progrès de la nuit, une délégation est organisée dirigée par Don Juan Torresano. Le Dominicain Fray Gabriel de Villafuerte les reçoit et procède à l'interrogatoire de rigueur.

Les habitants s'émerveillent et font sonner les cloches et la nouvelle se répand à travers la ville

Vers 6h du matin, une grande foule se dirige au bord de la rivière près de la grotte, et découvre, sur la paroi rocheuse l'image de la très sainte Vierge.

La nouvelle du prodige dans les gorges de Guáitara s'est répandue dans tous les villages environnants avec une rapidité inhabituelle.

Un sanctuaire est construit, agrippé sur les pentes rocheuses des Andes équatoriales à 2.600 mètres d'altitude. Il devient rapidement un centre de pèlerinage pour la Colombie du Sud et pour l'Équateur, puis le sanctuaire le plus visité d'Amérique du Sud.

Une première chapelle de bois et de paille est construite à l'endroit où Rosa a retrouvé la parole. En 1794, elle est remplacée par une chapelle en brique et chaux. Au milieu du XIXe siècle, un sanctuaire est construit, qui rapidement trop petit pour accueillir le grand afflux de fidèles.

A l'époque du grand Ézéquiel Moreno Díaz, saint évêque de Pasto, naît l'idée audacieuse de construire un magnifique temple sur l'abîme. Et en 1899, le pasteur augustinien aux pieds nus appuie l'idée par une lettre pastorale. Mais en raison de l'instabilité politique du moment, ce n'est que le 1er janvier 1916 que la première pierre du sanctuaire actuel est posée. La construction a duré 33 ans jusqu'à son apogée en 1949. Son inauguration a été confiée à Mgr Diego María Gómez Tamayo, archevêque de Popayán.

Par une grâce du pape Pie XII, Notre-Dame de Las Lajas a été couronnée canoniquement le 15 septembre 1952, lors d'une fête imposante à laquelle ont assisté presque tous les évêques de Colombie. En 1954, le Saint-Siège accorde le titre de basilique mineure au sanctuaire.

Le sanctuaire de Las Lajas (Les Roches) est considéré comme un merveilleux joyau. Il est construit au-dessus du cañon où coule la rivière Guaitara. Il s'élève au-dessus de l'abîme et est unique au monde. Il est surnommé « Le miracle de Dieu au-dessus de l'abîme ». C'est un exploit architectural, elle semble effectivement flotter au-dessus du canyon formé par la rivière Guaitara, tout près de la frontière équatorienne. Pour y accéder, il faut d'abord marcher assez longtemps, gravir une pente, puis traverser un impressionnant pont de pierres d'une hauteur de 50 mètres.

Domaine public

Domaine public

Domaine public

1.2.2 Image

Image

L'image de Notre Dame de « Las Lajas » se trouve sur la pierre. Elle est aussi appelée « Vierge du rocher ».

Le rocher fait 3,20 mètres de haut sur 2 mètres de large; et les images couvrent une zone de deux mètres de haut et 1,20 de large.

Marie est représentée comme Notre-Dame du Rosaire, debout sur le croissant, portant l'enfant Jésus sur le bras gauche et le saint chapelet à droite.

Les figures de Saint François d'Assise et de Saint Dominique apparaissent des deux côtés.

1.2.3 Science

Science

Le peuple colombien, déconcerté par cette apparition, chercha à déterminer qui avait peint l'image mais ne put retrouver l'artiste.

Des géologues ont étudié l'image. Ils n'ont pu trouver le moindre fragment de peinture ou de pigment dans l'image, Ils sont arrivés à la conclusion scientifique que ce n'était pas une peinture.

Les tests effectués montrent que les couleurs de l'image ne proviennent pas d'un pigment de peinture, mais font partie de la roche elle-même et sont incrustées sur une profondeur d'au moins un mètre !

Cette célèbre image est maintenant enchâssée dans le sanctuaire de Notre-Dame de Las Lajas, situé à sept kilomètres de la ville d'Ipiales, au sud de la Colombie et qui est devenu aujourd'hui une basilique mineure.

1.3 Notre-Dame de Saint Maur des Fossés France

Creative Commons Attribution Share Alike 4.0 International license

1.3.1 Histoire

Histoire

Nous sommes sous le règne d'Henri Ier. Les guerres féodales font et défont les puissances terrestres. Au XIe siècle, un grand féodal, Guillaume de Corbeil, dit « Guerlenc », perd son comté du Mortain en Normandie par son cousin le duc Guillaume.

En 1058, alors que Guillaume s'est mis au service du roi Henri Ier, il obtient de ce dernier l'avouerie de la riche abbaye clunisienne des Fossés afin de compenser la perte de son apanage normand. Cette abbaye était déjà objet de dévotion, puisqu'une antique tradition tenait que le Sauveur Lui-même était venu en faire la dédicace.

Comme sa santé se détériore, il fait le vœu à la Vierge Marie de se faire moine dans cette abbaye, s'il vient à guérir. Son vœu est exaucé.

Guillaume constate le mauvais état des images du Christ et de la Vierge Marie dans l'abbaye en reconstruction, à la suite des destructions des invasions normandes. Il commande une Vierge et une statue de saint Jean pour encadrer le crucifix au sculpteur Rumolde. Ce dernier prépare le bois, ses outils, et va se mettre à l'ouvrage en commençant par la statue de la Vierge, quand il s'entend appeler par son nom au-dehors.

Pensant qu'il s'agit du comte, il sort de son atelier et va à sa rencontre. Il le cherche partout, demande aux moines où il se trouve, mais personne ne peut lui répondre. À la fin, il retourne à son ouvrage et y trouve l'image de Notre-Dame toute faite. D'où le nom qu'elle prit de Vierge achéiropoïète, c'est-à-dire non faite de main d'homme. Ce fait se serait produit le 10 juillet 1068.

La Vierge Marie lui apparaît par la suite sous l'aspect de cette image et le guérit d'un mal mortel.

Un pèlerinage est créé. Il est à l'origine associé aux reliques de saint Babolin, premier abbé de l'abbaye des Fossés, et de saint Maur, abbé de Glanfeuil (arrivé des reliques en 868).

Du XIe au XVIIIe siècle, elle est l'icône de la Vierge la plus célèbre du royaume de France. Vers le XIIe siècle, la statue devient Notre-Dame des Miracles à cause de la profusion de guérison.

Dès lors, on vint en foule à ses pieds, surtout le 24 juin, où l'on fêtait les saints martyrs de Créteil dont l'abbaye avait les reliques. Ce jour, elle exposait aussi le corps de saint Maur, celui de saint Babolin, fondateur de l'abbaye, des os de saint Pierre, une partie du chef de saint Philippe, un doigt de saint Matthieu, et même, des reliques des rois mages. La fête était si grande que l'on rapporte de nombreux débordements.

Le lieu voit venir le roi Philippe Auguste (1165 – 1223), le roi saint Louis, l'empereur Charles IV (en 1378 pour sa goutte), le roi Louis XI.

Au XVe siècle, le pape Sixte IV accorde une indulgence aux pèlerins qui récitent l'oraison de Notre-Dame des Miracles. Au XVIIe siècle, le pape Innocent X accorde une indulgence plénière. Au même siècle la confrérie des Notre-Dame des Miracles est créée et approuvée par le pape Urbain VIII. Une confrérie de prêtres se constitue autour du Père de Condren d'Adrien Bourdoise, avec le Père Olier (créateur de la compagnie des prêtres de Saint-Sulpice), saint Vincent de Paul (fondateur des sœurs de saint-Vincent de Paul et des lazaristes), saint François de Sales (fondateur de l'ordre de la Visitation).

En 1841, le vénérable François Libermann trouve, aux pieds de la statue, l'inspiration de l'institution de la Congrégation du Saint-Cœur de Marie.

En 1791, la chapelle de Notre-Dame des Miracles est détruite par la Révolution française. La statue est sauvée par le serrurier Hacar, premier maire de Saint-Maur.

Au XIXe siècle, le culte reprend de plus belle. Le pape Pie VII accorda à son tour de nombreuses indulgences. En 1812, Napoléon Ier lui-même s'inscrit dans la confrérie ! Communautés, pensionnats, patronages, paroisses parisiennes et des environs se rendent aux pieds de Notre-Dame.

En 1870, la Vierge survit aux six mille bombes lancées sur Saint-Maur. La frêle icône paraît plus indestructible que jamais et la dévotion populaire lui attribue un pouvoir de protection dans les temps troublés.

En 1907, Monsieur Roume, chargé de la restauration, est aussi miraculé. Il fait une copie de la statue pour l'église de Masseret, dans le diocèse de Tulle, qui fait l'objet d'un pèlerinage. Plus tard, ce même sculpteur fit un pèlerinage en Terre sainte, où il tombe gravement malade. Il affirme avoir été guéri par la Vierge Marie qui lui est apparue sous les traits mêmes de la statue miraculeuse.

En 1910, une indulgence de cent jours est accordée pour chaque invocation « Notre-Dame des Miracles, priez pour nous, sauvez la France ». Des foules se pressent sur le parvis durant la Première Guerre mondiale, clamant l'invocation, et on lui attribue en 1918 les victoires de la Marne.

Le dernier grand pèlerinage à Notre-Dame des Miracles de Saint-Maur des Fossés s'est déroulé en 1968.

En 1988, année mariale, les paroissiens obtiennent de l'évêque que la statue préside la cérémonie pour l'année mariale organisée par le diocèse.

En 2000, l'église Saint-Nicolas est déclarée sanctuaire jubilaire et accueille le premier pèlerinage des familles le 9 décembre. A partir de 2002, le pèlerinage des familles se perpétue le samedi le plus proche du 8 décembre.

1.3.2 Statue

Statue

La statue se situe dans l'église Saint-Nicolas de Saint-Maur-des-Fossés.

Elle mesure 70 cm de haut et date du 10 juillet 1068. La statue est fine. Elle tient la tête appuyée sur la main

L'expression de Marie change selon le lieu depuis lequel on la regarde. Marie semble tour à tour, mélancolique, douce, souriante, éprise de compassion.

1.3.3 Science

Science

Regnaud de Citry, prieur abbatial de Saint-Maur, relate la tradition médiévale pour la première fois en 1328.

A notre connaissance, cette statue n'a pas fait l'objet d'une étude scientifique.

2 Images acheiropoïètes de Jésus

2.1 Linceul de Turin

Origine

Jésus-Christ, messie d'Israël, meurt crucifié sur la croix le vendredi, 14 Nissan de l'an 30, soit le vendredi 5 avril vers 15h00, veille de la Pâque juive.

Le Linceul de Turin en Italie a enveloppé le corps de Jésus-Christ au moment de la mise au tombeau.

Au moment de sa Résurrection, le dimanche matin, l'Esprit du Seigneur Jésus revient dans son corps.

Sur le Linceul se trouve une image non faite de main d'homme, la trace d'un corps de face et de dos.

Un des quatre dons du ressuscité (1Co 15, 42 – 44) est le don de gloire. La gloire va se manifester par une émission de lumière à partir du corps contenu dans le Linceul et marqué celui-ci de l'image du corps mort. Les saintes plaies sont les traces des clous dans les poignées, dans les pieds et la marque de la lance dans le côté.

Bref historique

Les apôtres conservent le Linceul à Jérusalem après la Résurrection. Pierre part à Antioche avec le Linceul. Le Linceul contribue à l'évangélisation du roi Abgar le Grand d'Édesse. Ensuite le Linceul est arrivé à Constantinople. Le Linceul est remis à Saint Louis par Baudouin II. Le roi Philippe VI le donne à Geoffroy de Charny, qui le remet à ses chanoines de Lirey. La maison de Savoie en « hérite » et l'amène à Turin.

Bref analyse

Le Linceul mesure 4,35 m Sur 1,09 m. Il est composé de fibres de lin avec quelques traces de coton.

La formation d'une partie de l'image visible sur le Linceul est due à des incendies, à des traces d'eau consécutives aux incendies, à des taches de sang issues du corps enveloppé. La formation de l'image du corps a des caractéristiques uniques que l'on ne retrouve sur aucune autre image. La formation de l'image serait due à un rayonnement électromagnétique, une émission de lumière à partir du corps.

L'analyse de l'image du corps permet de déterminer ce qu'a vécu cet homme à la fin de sa vie. L'homme enveloppé dans le Linceul est bien mort. Les taches de sang sont de groupe sanguin AB.

Les études découvrent : poussières, des pollens, des fleurs, des monnaies, un objet ovale sur le cou, des inscriptions de lettres antiques, deux poissons, un phylactère, des objets de la passion.

Étude détaillée

L'étude détaillée du Linceul de Turin est dans le livre « *La Résurrection au risque de la Science* » du même auteur.

L'étude des reliques de Jésus-Christ est dans le livre : « *Pièces à conviction du Messie d'Israël* » du même auteur.

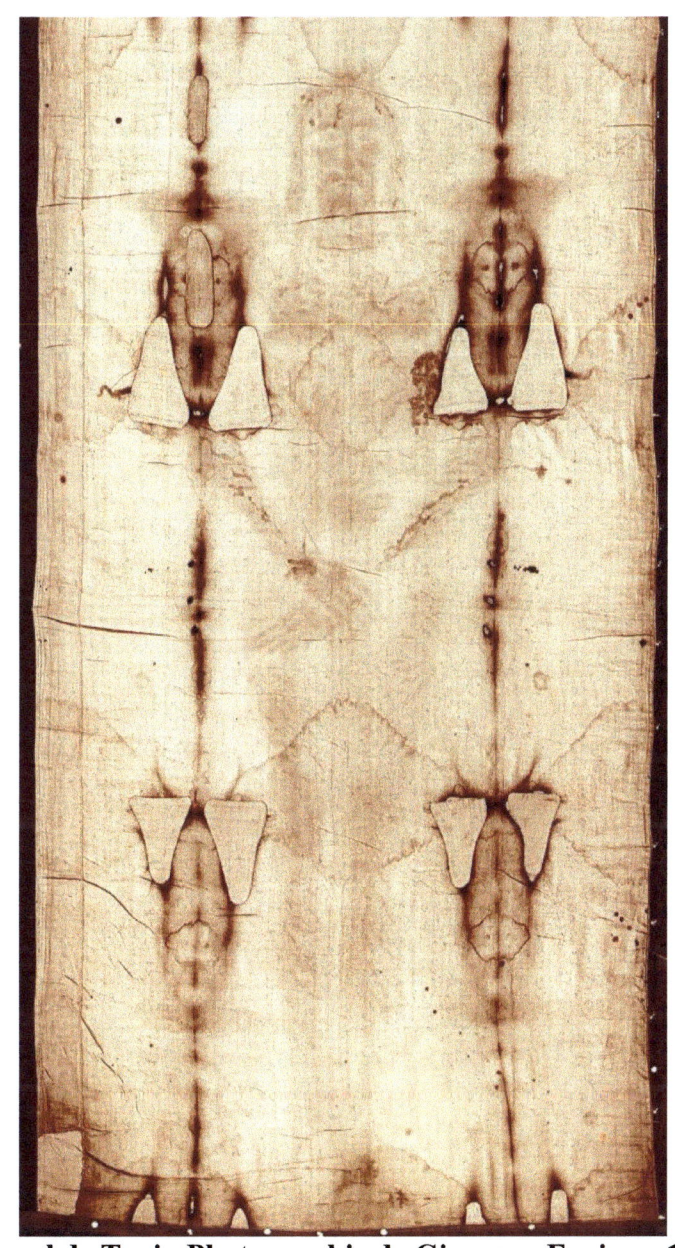

Linceul de Turin Photographie de Giuseppe Enrie en 1931
(Origine photo http://commons.wikimédia.org)

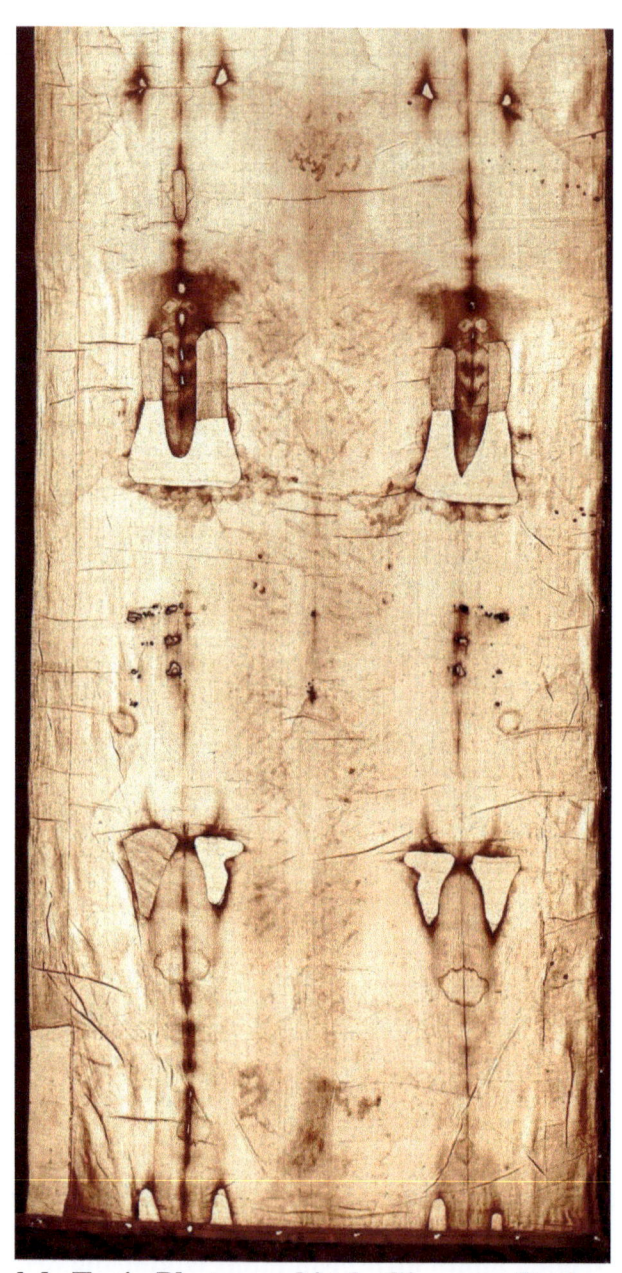

Linceul de Turin Photographie de Giuseppe Enrie en 1931
(Origine photo http://commons.wikimédia.org)

2.2 Voile de Manoppello

Origine

Jésus-Christ, messie d'Israël, meurt crucifié sur la croix le vendredi, 14 Nissan de l'an 30, soit le vendredi 5 avril vers 15h00, veille de la Pâque juive.

Au moment de l'ensevelissement, Jésus est couvert d'une Coiffe (dite de Cahors) qui sert aussi de mentonnière. Son corps est enveloppé dans un Linceul (dit de Turin). Enfin son visage est recouvert d'un voile (dit de Manoppello).

Au moment de sa Résurrection, le dimanche matin, l'Esprit du Seigneur Jésus revient dans son corps.

Sur le Voile se trouve une image non faite de main d'homme, la trace du visage du ressuscité.

Un des quatre dons du ressuscité (1Co 15, 42 – 44) est le don de gloire. La gloire va se manifester par une émission de lumière à partir du corps contenu dans le Linceul et marqué le Voile de l'image du visage ressuscité. Le voile montre un visage vivant, les yeux ouverts avec des traces de la passion.

Bref historique

Les Juifs mettent sur la tête de leur mort une coiffe. Ils couvrent ensuite le corps du défunt d'un Linceul. Ils ajoutent un Voile pour couvrir le visage dans le but de retenir les parfums. Le Voile de Manoppello, tissu très fin, a été posé sur le visage de Jésus au tombeau.

La Vierge Marie, la Mère de Jésus, est sans doute la dépositaire de ce tissu. Il lui permet de voir le visage de son fils ressuscité à Éphèse. Le Voile est resté ensuite en Turquie en Cappadoce, lieu de nombreuses églises souterraines. En 574 le Voile est transféré à Constantinople, capitale de l'empire chrétien d'Orient. En 705, suite sans doute aux luttes iconoclastes, le Voile est transféré à Rome. En 1506, il est envoyé mystérieusement à Manoppello.

Bref analyse

Le Voile mesure 17 cm sur 24 cm. Il est en byssus marin, c'est une espèce de soie marine, un tissu de grande valeur pour l'époque.

L'image du visage est sur une pièce de byssus transparente un peu comme une diapositive. L'image apparaît ou disparaît suivant l'angle de la lumière. L'image apparaît sur les deux côtés du tissu. La formation de l'image du Voile est similaire à celle du Linceul.

La description de l'image montre sur les deux côtés du Voile le visage d'un homme encadré de cheveux avec du sang.

Les études complémentaires montrent un éclat de verre sur le Voile qui peut provenir d'un antique reliquaire du Vatican.

Étude détaillée

L'étude détaillée du Linceul de Turin est dans le livre « *La Résurrection au risque de la Science* » du même auteur.

L'étude des reliques de Jésus-Christ est dans le livre : « *Pièces à conviction du Messie d'Israël* » du même auteur.

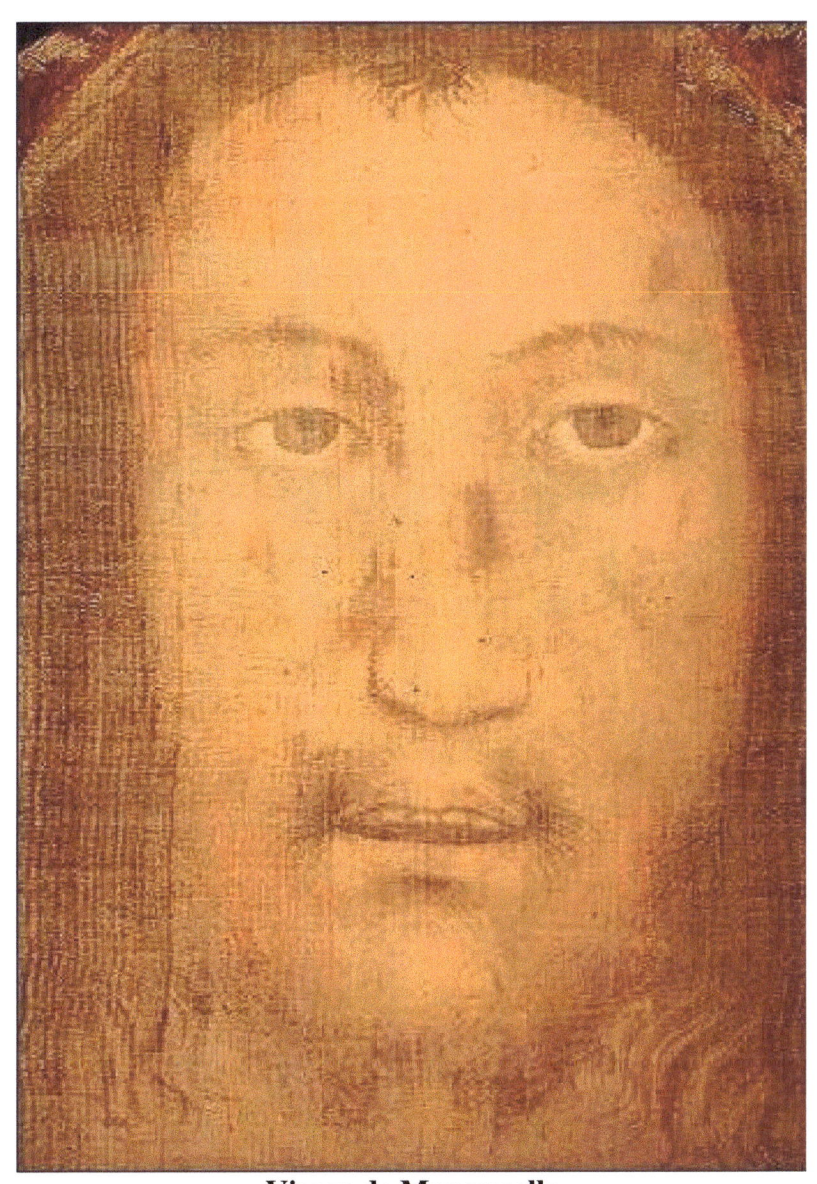

Visage de Manoppello
(http//en.wikipedia.org))

2.2 Christ de Sierck-les-Bains en France

2.2.1 Histoire

Historique

Sierck-les-Bains est une commune de Moselle. Elle est située près de la frontière avec le Luxembourg et l'Allemagne, d'où l'appellation du pays des trois frontières. Sierck-les-Bains n'est pas très loin de Trèves en Allemagne où se trouve la « robe de Trèves » relique de Jésus-Christ (voir « *Pièces à conviction du Messie d'Israël* » du même auteur).

C'est une ancienne cité des Ducs de Lorraine dominée par un château.

Un coiffeur du village, Paul Huther, rentre le 31 août 1985 de la fête de la mirabelle à Metz. Vers 3h du matin, il regarde la tâche d'humidité qui existe depuis 2 ou 3 ans sur une façade de la Grande-Rue de Sierck. Il découvre que la tâche a pris une forme nouvelle. Il distingue des yeux, le nez, la bouche, les cheveux. Le visage ressemble aux représentations du visage de Jésus-Christ.

Le lendemain matin, il retourne sur place vérifier et fait part de sa découverte. La nouvelle se répand jusqu'à devenir une information du journal télévisée. Sierck est surnommé le « Lourdes » de la Moselle.

Chaque jour 30.000 visiteurs viennent contempler l'image acheiropoïète (non faite de main d'homme). Les gens prient, allument des cierges, déposent des offrandes. Certains témoignent de guérisons.

2.2.2 Image

Image

Le visage ressemble au visage du Linceul de Turin.

Beaucoup se disent observés par ce visage aux traits réguliers. La majorité témoigne que le regard les suit quelque soit leur position sur la place.

Le visage regarderait en direction de la chapelle de Marienfloss (« Le ruisseau de Marie »). Ce sanctuaire est fondé en 1238 par le duc de Lorraine Matthieu II et son épouse. En 1415 est créé dans cette chapelle un célèbre rosaire médité.

2.2.3 Science

Étude

La famille habitant dans ce lieu était pêcheur. Elle mettait les poissons dans la baignoire pour les garder en vie et assurer leur fraîcheur. Ceci serait la cause d'un dégât des eaux se manifestant par une grande tache d'humidité sur la façade de la maison.

Le couple qui habitait là se nommait Fisher soit pêcheur en français.

En grec, la langue du Nouveau Testament, le mot poisson s'écrit « ICHTHUS » avec I comme Iesous = Jésus, CH comme CHristos = Christ, TH comme THeou = de Dieu, U comme Uios = Fils, S comme

Soter = Sauveur.

Ces cinq lettres grecques sont donc l'anagramme : Jésus-Christ, Fils de Dieu, Sauveur.

La représentation graphique du poisson s'est imposée chez les premiers Chrétiens comme un signe permettant de s'identifier.

Les architectes, les experts n'ont pu donner aucune explication scientifique.

Le plus surprenant est que le visage du « Christ » n'a pas disparu. Ni les aléas climatiques, ni l'usure du temps n'ont altéré cette image qui existe depuis 35 ans sur le mur défraichi du centre-ville.

3 Trois événements : Feu, maison, escalier

3.1 Feu sacré, signe de la Résurrection de Jésus

3.1.1 Histoire basilique Saint Sépulcre Jérusalem

Histoire
Généralités

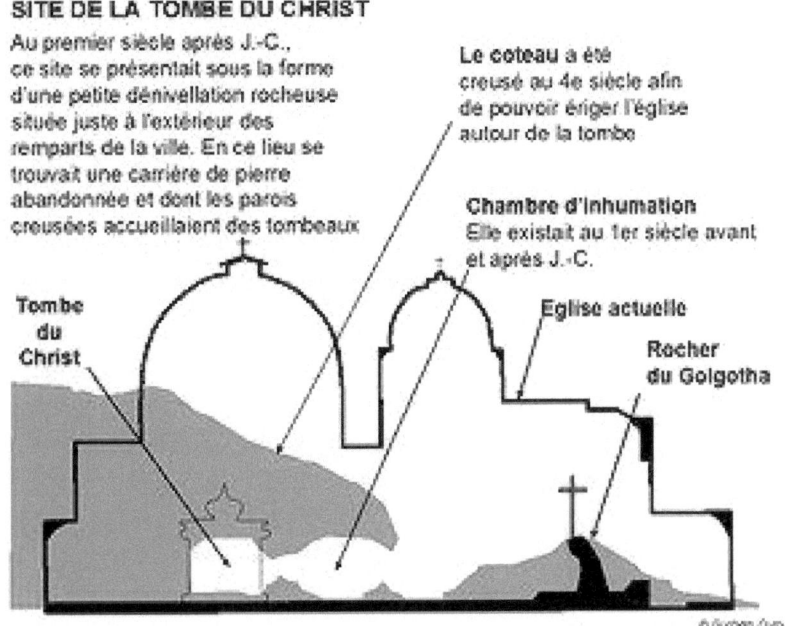

Position de la tombe du Christ et le Golgotha au sein de l'église
GNU Free Documentation Licence

L'église du Saint-Sépulcre est construite sur les lieux du Calvaire (mont Golgotha) et du tombeau du Christ. Ce lieu servait de carrière de pierre depuis le VIIIe siècle avant J.–C. Il est situé sur une colline au nord-ouest de Jérusalem.

Cet emplacement subit plusieurs modifications du Ier au IIIe siècle.

Au début du IVe siècle, l'empereur Constantin fait dégager le site, retrouve le tombeau du Christ et construit une première basilique.

En 614, le bâtiment est détruit par les troupes perses de Khosro II. Il est reconstruit. Il est à nouveau détruit le 18 octobre 1009 par le calife Fatimide et chiite Al-Hakim bi-Amr Allah. Il fait raser la grotte sépulcrale en brisant le rocher naturel.

L'église est reconstruite. Pour remplacer la grotte un édicule est réalisé au-dessus de la tombe.

Le bâtiment va être à nouveau pillé, incendié, et détruit de nombreuses fois lors des siècles suivants, en fonction des conflits et guerres avec les autorités politiques musulmanes du moment.

3.1.2 Phénomène

Phénomène

Les orthodoxes ont des offices le samedi saint, jour entre la mort et la Résurrection de Jésus. Ils célèbrent la descente du Seigneur aux enfers.

Seul un patriarche orthodoxe reçoit le feu sacré. Le phénomène se produit suivant le calendrier orthodoxe de la fête de Pâques

La tradition orthodoxe affirme que le Saint Feu descend annuellement la veille de la Pâque orthodoxe, durant laquelle une lumière bleue émane de la tombe de Jésus-Christ (dans le Saint-Sépulcre), généralement en remontant de la dalle de marbre couvrant le lit de pierre qui serait celui sur lequel le corps de Jésus a été placé lors de son enterrement. Ce phénomène prend parfois la forme d'une colonne contenant une sorte de feu, d'où des bougies sont allumées. Ces bougies sont ensuite utilisées pour allumer les bougies du clergé et des pèlerins présents. Il est dit également que, parfois, le feu éclaire spontanément d'autres lampes ou bougies placées autour de l'édicule, dans l'église.

Le vendredi saint, les autorités israéliennes vérifient que le tombeau du Christ est vide et qu'il ne contient rien qui puisse allumer une flamme ou un feu. Le tombeau est ensuite scellé. Avant la création de l'État d'Israël, la procédure était la même, et c'étaient les autorités civiles et militaires ottomanes qui faisaient les vérifications et contrôles.

La pierre où aurait été déposé le Christ et d'où jaillirait le feu sacré dans l'église du Saint Sépulcre à Jérusalem
GNU Free Documentation Licence

Des milliers de pèlerins ainsi que des chrétiens locaux de toutes les confessions se réunissent à Jérusalem pour participer et assister à cet événement annuel. La foule arrive dans la matinée du samedi saint et se regroupe dans l'église autour du sépulcre. Le Patriarche orthodoxe grec ou arménien subit alors une fouille complète et publique afin de vérifier qu'il n'emporte avec lui aucun moyen d'allumer des bougies. Après la fouille, il revêt sa tenue sacerdotale et entre seul dans le tombeau vers midi, et se met en prière.

Tandis que le Patriarche est à l'intérieur de la chapelle agenouillé devant la tombe, l'église est plongée dans la pénombre, mais parcourus par un murmure assez fort : les fidèles rassemblés chantent Seigneur, prends pitié (Kyrie eleison en grec) jusqu'à ce que le feu Saint descende. L'atmosphère est très tendue. Quand la lumière jaillit, le patriarche allume la brassée des 33 bougies qu'il a emportées avec lui, puis il sort avec ses bougies allumées et brillantes dans l'obscurité, un grondement de jubilation résonne dans l'église. Les fidèles s'écrient alors Axios ! (Il est digne !). La flamme est transmise aux fidèles dans l'église à partir de ces bougies. Les témoins rapportent que le feu se transmet à très grande vitesse dans toute l'église, certains affirmant que parfois les cierges s'allument spontanément.

L'archevêque Missaïl, qui a assisté à l'événement, et récolté le feu sur la pierre décrit ainsi son expérience : « *Étant entré à l'intérieur du saint tombeau, nous voyons surtout le couvercle de la tombe une lumière scintillante, comme si y étaient répandues de minuscules perles de verre d'apparence blanche, bleue, écarlate, et d'autres couleurs, qui ensuite, se fondant les unes avec les autres, rougeoyaient et se transformaient en feu ; mais ce feu, durant le temps nécessaire à lire sans hâte quarante Kyrie éléison, ne produit pas de brûlure et ne se consume pas, et les candélabres et bougies préparés s'y allument. Mais par ailleurs, comment et d'où cela provient, je ne saurais le dire.* »

Les pèlerins et le clergé prétendent que le Feu saint ne les brûle pas, ni les cheveux ni les visages.

Ce phénomène est considéré comme le plus ancien miracle annuel documenté dans la chrétienté.

Cet événement, très important, est très suivi dans toutes les communautés des chrétiens d'Orient et orthodoxes. C'est un « moment fort du christianisme oriental » qui rassemble des dizaines de milliers de pèlerins dans l'église et sur le parvis. La cérémonie est retransmise à la télévision en direct à travers de nombreux pays orientaux.

Le Saint-Feu est conduit dans certains pays orthodoxes. Il est alors reçu « officiellement » par l'Église et des dirigeants de l'État.

3.1.3 Historique saint Feu

<u>Antiquité</u>

Selon l'affirmation de l'Archimandrite Léonide[3], les plus anciennes informations sur le feu sacré, proviennent de l'Antiquité la plus profonde.

L'historien Eusèbe de Césarée décrit dans sa « Vita Constantini » datée d'environ l'an 328, un événement survenu à Jérusalem lors de la Pâque en l'an 162 : « *Lorsque les gardiens de l'église étaient sur le point de remplir les lampes pour les préparer à célébrer la résurrection du Christ, ils ont soudainement remarqué qu'il ne restait plus d'huile à verser dans les lampes. Sur ce, l'évêque Narcisse de Jérusalem ordonna que les bougies fussent remplies d'eau. Il a alors dit aux gardiens de les allumer. Devant les yeux de tous les présents, chaque lampe brûlait comme si elle était remplie d'huile pure. La tradition orthodoxe chrétienne affirme que ce miracle, qui précède la construction du Saint Sépulcre au IVe siècle, est lié au miracle du Saint Feu. Ils admettent que les deux diffèrent, comme le premier était un événement ponctuel tandis que le miracle du Feu saint se produit chaque année. Cependant, ils ont en commun la prémisse que Dieu a produit le feu là où, logiquement parlant, n'aurait pas dû l'être.* »

Autour de 385, Égérie, une noble femme d'Espagne, se rend en Palestine. Dans le récit de son voyage, elle parle d'une cérémonie au Saint Sépulcre du Christ, où une lumière sort de la petite chapelle entourant le tombeau, par laquelle toute l'église est remplie d'une lumière infinie (« lumen infinitum »).

---

[3] « Archimandrite Léonide, Douchepoliesnoié Tchenié 1863

Des écrits de pères de l'Église évoquent ce feu sacré. Grégoire de Nysse (331-394) indique qu'il vit le Feu sacré la nuit par les sens et spirituellement. Jean Damascène (676-749), dans ses chants liturgiques, fait souvent mémoire de la lumière brillant miraculeusement sur le Saint Tombeau. Par exemple il dit : « *Pierre, s'étant rapidement approché du Tombeau, et ayant vu la lumière dans le sépulcre, s'effraya.* »

Moyen-âge

En 876, le pèlerin franc, Bernard le Sage, « Bernadus Monachus », écrit le récit de son voyage. Il déclare dans son récit de voyage : « *Le samedi saint, la veille de Pâques, au service du matin dans l'église du Saint-Sépulcre, l'assemblée chante « Kyrie, Eleyson » (Seigneur, prend pitié). Un ange descend et allume les lampes suspendues sur le Saint-Sépulcre. Le Patriarche transmet le feu à l'évêque, et enfin à toutes les personnes, de sorte que tout le monde peut allumer le feu dans sa maison. Le nom actuel du patriarche est Théodose (863-879); il est appelé en ce lieu pour sa piété.* »

Sous le règne de Baudouin 1er de Jérusalem, le clergé latin s'empare du Saint-Sépulcre. Mais lors de la célébration pascale de 1101, les responsables latins ne parviennent pas à obtenir le Saint feu. Devant le fiasco de l'événement, le clergé grec est restitué dans ses fonctions.

Au début du Xe siècle, Le métropolite Aref de Césarée de Cappadoce dans une lettre à l'émir de Damas écrit : « *À Jérusalem se trouve le Saint-Sépulcre, alors que son entrée est scellée, et que les chrétiens situés à l'extérieur de l'église de la Sainte Résurrection pleurent et prient, « Seigneur, prend pitié », soudain, il y a un éclair et les lampes s'allument; de ces flammes tous les habitants de Jérusalem allument leur lampe.* »

En 947, Nikita, un clerc de l'empereur byzantin Constantin VII, évoque dans son ouvrage, « L'histoire de Nikita clerc du roi », la descente du saint feu sur le tombeau du saint sépulcre, et le fait que seul certaines personnes peuvent le recevoir (avoir les mains pures), sous-entendant des conflits et rivalités de personnes pour recevoir le saint feu.

En 957, l'historien arabe Masudi raconte dans son récit de voyage en Palestine la célébration dans l'église de la Résurrection à Jérusalem qui rassemble des chrétiens de toute la terre, le feu descend du ciel et les bougies sont éclairées par lui. Les musulmans sont nombreux à venir regarder cette fête. (...) l'arrivée du feu est un grand mystère. Le feu descend le samedi matin avant le jour de Pâques.

Le Pape Urbain II, lors du concile de Clermont en 1095, dans son discours à la foule rassemblée devant lui, déclara : « *En vérité, dans ce Temple (le Tombeau du Seigneur), Dieu repose; jusqu'à présent, Il ne cesse d'y manifester des miracles car, aux jours de sa Passion, alors que toutes les lumières sont éteintes au-dessus de sa tombe et dans l'église, soudain, les « lampadas » éteintes se rallument. Quel cœur, si endurci soit-il, ne s'attendrirait pas devant une telle manifestation !* »

L'Higoumène Daniel, présent à la cérémonie en 1106, mentionne une incandescence bleue qui descend de la coupole de la « édicula » où le patriarche attend le Feu Sacré.

Le chroniqueur de l'Église romaine Baronius témoigne : « *Les chrétiens occidentaux, ayant repris Jérusalem aux Sarrasins, virent un miracle lorsque, le Samedi Saint, les bougies s'allumèrent d'elles-mêmes auprès du tombeau du Seigneur. Ce miracle se produit là-bas habituellement.* »

<u>Différents ecclésiastiques</u>

En 1101, après la prise de Jérusalem par les croisés, le clergé latin s'empare du Saint-Sépulcre et tente de recevoir le Saint feu (en supplantant le clergé grec orthodoxe). Mais le saint feu ne descend pas, et devant le fiasco de l'événement, le clergé grec est restauré.

Sur l'édicule, des traces de brûlure et une colonne fendue sont aujourd'hui visibles à gauche de l'entrée. L'explication des causes de ces dégradations a donné lieu à plusieurs versions :

Une version, qui est aujourd'hui retenue (car considérée comme étant la plus probable) est la suivante : en 1579, le clergé arménien corrompt le sultan (de l'Empire ottoman) Mourad III, et obtient (contre de l'argent) d'évincer les responsables grecs orthodoxes qui devaient rentrer dans le sépulcre pour recevoir le Saint feu. Ils s'enferment à l'intérieur de l'édicule à leur place avec l'aide des forces ottomanes. Le feu sacré n'apparait pas sur la tombe, mais jaillit d'une colonne à gauche de la porte (à l'extérieur du tombeau, dans l'église). La large fissure qui marque la colonne du milieu à la gauche de la porte serait, selon une tradition orthodoxe, le vestige de cet événement. Un officier turc du nom de Omar (saint Omar), voyant le miracle se convertit (publiquement) au christianisme mais il est immédiatement décapité, et son corps brûlé devant l'église. Ses cendres et ses os sont recueillis par des chrétiens, placés dans un reliquaire, et inhumés devant le couvent de la Vierge. La perte du feu miraculeux aurait forcé les Arméniens à redonner l'accès au Saint-Sépulcre aux Grecs. Remarque : cette version est très proche de la précédente, à l'exception de la date de l'incident.

La tradition arménienne (la plus ancienne connue est écrite au plus tard en 1635 dans « Itinéraires » du russe Siméon Lekhatsi. Ce récit se réfère à l'événement situé à une date incertaine : Il était une fois de pauvres pèlerins situés à l'extérieur (du tombeau) et qu'on ne laissait pas entrer, laissez-nous entrer disaient-ils, et ils étaient privés de [la lumière]. Mais quand la lumière est venue, elle s'est d'abord précipitée vers les pauvres et elle a brûlé les sommets des colonnes de marbre de chaque côté de la porte. Beaucoup de gens ont vu cela et ont rendu gloire à Dieu (...). Remarque critique : Simeon Lekhatsi, décrit la nature des dommages en indiquant que la Sainte Lumière a brûlé les sommets des colonnes de marbre de chaque côté de la porte, mais ne dit rien sur une fissure située à la base de la colonne, qui est pourtant l'élément le plus visible, encore aujourd'hui.

La tradition grecque : elle est rapportée la première fois par le vieux croyant John Loukianov qui a fait un pèlerinage en Terre Sainte dans les années 1710-1711. Il indique qu'un incident se serait produit 24 ans avant son passage (soit vers 1686) : le saint feu serait sorti du pilier le samedi saint. D'après les « Grecs », des responsables arméniens seraient venus à Pâques et auraient chassé les Grecs hors du sépulcre. Le métropolite grec, chassé hors du tombeau aurait pleuré et prié Dieu pendant que les Arméniens faisaient l'office dans l'édicule. À la onzième heure, le feu serait descendu, avec un bruit de tonnerre, et une grande lumière, sortant du pilier (à l'extérieur du sépulcre où se tenaient les Arméniens). Voyant cela, un officier musulman aurait déclaré Grand est le Dieu des chrétiens, ce qui aurait entraîné la colère de ses collègues qui le frappèrent et le tuèrent.

En 1834, le feu se propage lors de la cérémonie et cause une grande panique : 300 pèlerins qui tentent de fuir par la petite porte de l'église, donnant sur le parvis, meurent asphyxiés.

Période suivante

En 1648, le « Livre de la Foi » imprimé à Moscou évoque le feu sacré du samedi saint indiquant que chaque année, le samedi saint, on peut voir sur le tombeau du Seigneur la lumière sainte, et il ajoute : « *il y est démontré que cette Lumière apparaîtra sur le tombeau du Christ jusqu'à la fin des temps* ». Le moine Parféni précise : « *C'est une joie de voir, qu'à présent, bien qu'à contrecœur, les autres chrétiens respectent la foi orthodoxe, et jettent leurs regards sur les orthodoxes comme sur un soleil très clair, car ils espèrent tous recevoir par eux, la grâce de la lumière sainte.* »

En 1707-1709, Hippolytus Vyshensky, russe, lors de son voyage en Orient visite Jérusalem. Il laisse un témoignage écrit sur la descente du Saint feu.

En 1835, Avraam Norov, écrivain russe (futur ministre de la Culture), assiste à l'événement et raconte : « *J'ai vu comment le métropolite, âgé, s'étant penché pour pénétrer par l'entrée basse, arrivé dans la grotte, se jeta à genoux devant le Saint Tombeau, sur lequel rien n'était déposé, qui était complètement nu. Une minute ne s'était pas écoulée, que l'obscurité s'inonda de lumière, et le métropolite sortit vers nous avec un bouquet de bougies flamboyantes.* »

Accords de 1852

Les différentes églises chrétiennes sont en conflit pour la gestion du lieu. Aussi, le déroulement des célébrations fait l'objet d'un accord, appelé statu quo, en 1852 sous l'autorité de l'administration turque de l'époque en Palestine. Cet accord et le fonctionnement décidé à l'époque sont toujours en vigueur à ce jour. Un calendrier spécial des services de Pâques est établi et imprimé conjointement par les patriarcats grecs et arméniens. Selon l'historien de l'Église A. Dmitrievsky, qui a décrit le service liturgique au début du XXe siècle, le service moderne s'est considérablement écarté de celui mis en place dans les temps anciens. Au cours du siècle dernier, l'office a peu changé, ce qui peut être expliqué par le statu quo. Conformément à l'accord en vigueur, le patriarche de l'Église orthodoxe grecque et celui de l'Église orthodoxe arménienne participent ensemble à la célébration.

3.1.4 Science
Origine du phénomène

Dans les années 2000, la Commission de description des événements miraculeux de l'Eglise orthodoxe russe met au point un programme d'étude des « événements qui accompagnent la descente du feu ». L'un des points concernait des radio-mesures à proximité de l'édicule. En 2008, Andrei Alexandrovich Volkov, chef du laboratoire de systèmes d'ions de l'institut Kourtchatov réalise des mesures à l'aide d'une instrumentation complexe comprenant une antenne, un convertisseur numérique, un oscilloscope et un ordinateur portable (pour enregistrer le spectre des mesures électromagnétiques). La campagne de mesure a duré plus de six heures, avec une mesure toutes les minutes, du spectre électromagnétique (dans la gamme de fréquences 0-360 kHz). L'analyse du rayonnement au moment de la descente du saint feu a donné une puissance (de rayonnement) comparable à la puissance du rayonnement électromagnétique à l'intérieur d'une machine de soudure à l'arc. Après des mois d'analyse des mesures, Andrei Alexandrovich Volkov conclut qu'il s'agit d'un « véritable miracle » qui ne peut se « produire qu'à la suite d'une décharge électrique ». Les auteurs du journal « Science et Religion » ont suggéré : « *lors de la descente du Saint-feu, il se produit une ou plusieurs décharges électriques suffisamment puissantes, qui, apparemment, sont la cause de l'allumage par étincelle. (...) Nous notons qu'au moment de ces mesures (lors de la décharge) il a été remarquée une résonance sonore bien distincte des chants et des prières de la chorale. Une telle décharge peut provoquer un effet piézo-électrique et donner naissance à un potentiel électrique significatif* ».

Le fabricant d'équipement et Candidat des sciences physiques et mathématiques, Andrei Volkov estime, pour sa part, que l'on ne peut tirer aucune des conclusions d'une (unique) expérience, car il faudrait faire encore d'autres mesures : « *Il y a eu une décharge électrique, soit par impact de foudre, ou par un phénomène « anormal » dans l'équipement de mesure, ou alors il a été* brièvement impliqué dans quelque chose de proche des briquets Piezo. »

Température
Le chef de l'association des scientifiques orthodoxes, l'archiprêtre Gennady Zaridzen a utilisé un pyromètre pour déterminer la température du feu sacré. Il indique que dans les premières minutes de l'arrivée du feu, il a mesuré une température d'environ 40 °C. Des mesures répétées ont indiqué qu'au bout de 15 minutes la température serait montée à 320 °C.

3.2 Maison de Marie à Nazareth
3.2.1 Histoire
Maison de Marie

La ville de Nazareth est située sur une colline proche de la vallée de Jezréel, à l'Ouest du lac de Tibériade. Elle se trouve donc en Galilée, dans le nord d'Israël.

Marie est née à Nazareth. Elle habite d'abord la maison de ses parents Anne et Joachin. C'est en ce lieu que l'archange Gabriel annonce à Marie qu'elle concevra un fils du nom de Jésus. Ce fils saint sera appelée Fils de Dieu. Il est le Messie d'Israël annoncé par les prophètes.

Luc 1, 26 - 35 : « **[26]Au sixième mois, l'ange Gabriel fut envoyé par Dieu, dans une ville de Galilée appelée Nazareth, [27]vers une vierge qui était fiancée à un homme de la maison de David, nommé Joseph ; et le nom de la vierge était Marie. [28]Étant entré où elle était, il lui dit : « Salut, pleine de grâce ! Le Seigneur est avec vous ; vous** êtes bénie entre les femmes. » ²⁹Mais à cette parole elle fut fort troublée, et elle se demandait ce que pouvait être cette salutation. ³⁰L'ange lui dit : « Ne craignez point, Marie, car vous avez trouvé grâce devant Dieu. ³¹Voici que vous concevrez, et vous enfanterez un fils, et vous lui donnerez le nom de Jésus. ³²Il sera grand et sera appelé fils du Très-Haut ; le Seigneur Dieu lui donnera le trône de David son père ; ³³il règnera éternellement sur la maison de Jacob, et son règne n'aura pas de fin. » ³⁴Marie dit à l'ange : « Comment cela se fera-t-il, puisque je ne connais point l'homme ? » L'ange lui répondit : « ³⁵L'Esprit-Saint viendra sur vous, et la vertu du Très-Haut vous couvrira de son ombre. C'est pourquoi l'être saint qui naîtra sera appelé Fils de Dieu. »

La maison comprend trois côtés car elle est à l'origine adossée à une grotte naturelle à Nazareth. Elle a été transportée en Italie. Elle est devenue la « Santa Casa », maison de Marie vénérée à Notre Dame de Lorette. Elle est située sur une colline dominant l'Adriatique. Lorette est devenue le sanctuaire le plus populaire d'Italie.

La grotte de Nazareth est aujourd'hui protégée par la basilique de l'annonciation, plus grande église de tout le Proche-Orient. Le dernier monument est construit en 1964 avec une large coupole au toit conique.

Maison de Nazareth en Palestine

En 1955, le père Bellarmino Bagatti entreprend des fouilles à Nazareth. Il creuse sous les fondations de l'église byzantine édifiée au Ve siècle. Il découvre une église antérieure des IIe et IIIe siècles, spacieuse selon le diamètre des colonnes retrouvées. Il reste des vestiges d'un culte marial, des graffitis tracés en araméen, grec, et latin sur l'enduit de certaines pierres notamment le début de la salutation à Marie : « réjouissez-vous Marie[4] ».

Après l'Ascension de Notre Seigneur Jésus-Christ, la petite maison de Nazareth est transformée en oratoire par les apôtres.

Au IIe ou IIIe siècle, une église de style synagogue est construite par les judéo-chrétiens pour protéger la maison.

En l'an 313, l'empereur Constantin accorde l'édit de paix

---

4 XAIPE MAPIA

religieuse de Milan aux chrétiens. Avec sa mère Hélène, il fait édifier de somptueuses églises sur les lieux saints de Palestine. Hélène enferme dans une église la pauvre habitation de Nazareth. Elle fait inscrire sur le marbre du frontispice[5] : « *C'est ici le sanctuaire où a été jeté le premier fondement du salut des hommes.* »

Au Ve siècle, une basilique byzantine est érigée sur la maison de Nazareth qui avec sa grotte en constitue la crypte.

Un pèlerin, Antonin de Plaisance, écrit en 570 : « *La maison de Marie est une basilique[6]* ».

Les Perses du roi Chosroès envahissent la Palestine en 615. Les grecs dirigés par l'empereur Zimieces envahissent la Palestine en 975. La basilique est épargnée, et reste dans son état du IVe siècle.

A la fin du XIe siècle les Sarrasins envahissent la Galilée, et détruisent la basilique de l'Annonciation. La Maison et sa grotte restent indemnes dans la crypte selon les témoignages des pèlerins. Les croisés reconstruisent peu après la basilique.

Au XIIe siècle, les croisés français font construire une basilique monumentale.

Le 23 mars 1251 saint Louis, roi de France, quitte Saint-Jean-D'acre avec son épouse Marguerite. Ils se rendent en pèlerinage à Nazareth. Ils y arrivent le 25 mars, et assistent à la messe dans la basilique.

En 1273, les musulmans détruisent la seconde basilique. La maison de Nazareth reste intacte selon le témoignage de pèlerins. Un dominicain italien[7] raconte qu'il put visiter la Maison de Nazareth en 1288 : « *À Nazareth, nous avons trouvé une grande église presque entièrement détruite, où rien ne restait des constructions précédentes, si ce n'est la cellule où la Vierge reçut l'annonce : le Seigneur l'ayant préservée en témoignage d'humilité et de pauvreté.* »

Les croisés de Terre Sainte vénèrent la maison de Nazareth. En 1291, les croisés sont définitivement expulsés de Terre Sainte. Le 10 mai 1291, selon la tradition séculaire, la Santa Casa est transportée

---

5 « La sainte maison de Lorette » par l'abbé A. Grillot 1873
6 « Domus Mariae basilica est »
7 Ricoldo Montecroce « Itinerarium »

mystérieusement de Nazareth en Croatie[8]. Cette maison comporte trois murs, le quatrième étant le rocher.

Le 18 mai 1291, les musulmans s'emparent de Saint-Jean-D'acre.

Les récits des pèlerins de Terre Sainte confirment l'existence de la maison de Nazareth au XIIe siècle. À la fin du moyen-âge, les pèlerins ne mentionnent plus qu'une grotte.

Dot de mariage

Nicéphore 1er Angelo Comnène d'Angeli, despote de l'Epire, donne sa fille Ithamar[9] à Philippe II d'Anjou[10]. La dot est indiquée dans un cartulaire[11] : « *Les saintes pierres emportées de la maison de Notre-Dame Vierge Mère de Dieu avec une table en bois peint où la Madone, Vierge et Mère de Dieu, tient sur ses genoux l'Enfant Jésus* ».

Il n'est pas fait mention d'une maison mais de pierres emportées d'une maison. Nous connaissons plusieurs maisons où Marie demeura : maison de l'annonciation, maison de l'enfance de Jésus, maison d'Éphèse...

L'archiviste pontifical Giuseppe Lapponi fait des découvertes le 17 mai 1900, et en informe Monseigneur Andrieux, évêque de Dijon : « *Dans les archives vaticanes, j'ai trouvé des documents suivant lesquels une famille Angeli, descendante des empereurs de Constantinople, aurait fait transporter, au XIIIe siècle, la Casa de Nazareth à Lorette, pour la sauver de l'invasion des Turcs.* »

Les documents mentionnés ont disparus des archives du Vatican...

---

8 Ou Illyrie - A Tersatto (Tesat ou Tarsatica), près de Rijeka (Fiume)
9 Ou Thamar ou Marguerite
10 Prince de Tarante, fils de Charles II roi de Naples
11 Folio 181 du « Chartularium Culisanense » daté de septembre 1294, conservé à Naples, publié en 1985 par G Santarelli

Transfert miraculeux de la maison

Translation de la Sainte Maison de Lorette,
attribuée à Saturnino Gatti 1510 (Domaine public)

Croatie, première translation

Dans la nuit du 9 au 10 mai 1291, la maison est transférée miraculeusement de Palestine en Dalmatie. Elle se trouve alors à Tersatto (Tersat en Croate) près de Fiume (Rijeka).

Alphonse, curé de l'église de Saint-George de Tersatto, est atteint d'une grosse fièvre. Il supplie Marie pour retrouver la santé, et est exaucé. La Mère de Dieu lui apparaît de nuit vêtue de blanc. Elle lui révèle que la Maison a été transportée dans sa ville par la volonté de Dieu. Marie indique qu'il s'agit de la maison de sa naissance et de son enfance ; de la maison où elle conçut du Saint-Esprit, et alimenta le Fils de Dieu. Elle lui fit connaître que son image[12], qui était dans cette maison, avait été faite par saint Luc, et que l'Autel et la Croix étaient l'ouvrage des Apôtres.

Le gouverneur envoie le prêtre Alphonse avec quatre hommes en Palestine pour vérifier que la maison n'est plus à Nazareth, ce qu'ils constatent. Sur place, ils trouvent les fondements d'où les Anges ont enlevé la maison. Ils s'assurent de la concordance des mesures.

Après le départ de la Maison, le gouverneur Frangipani, sur la demande des habitants, fait ériger sur place une église consacrée au nom de la Mère de Dieu. Sur la porte principale fut apposée l'inscription latine[13] : « *Ici est le lieu d'où la Sainte Maison de Nazareth est partie pour être vénérée maintenant à Recineti* »

Colline de Posatora, deuxième translation

Le 10 décembre 1294 la maison de Marie est transférée (par les anges ?) en Italie dans une forêt de lauriers, propriété de Madame Laureta (ou Laurette), à proximité de Recanati aux environs d'Ancône. Le territoire de Recanati fait partie à l'époque des États-pontificaux.

Des bergers gardent alors les troupeaux dans la forêt. Ils voient la translation par une lumière à minuit. Ils informent les habitants de Recanati qui découvrent, en se rendant sur les lieux, la Maison.

Un ermite confirme l'origine céleste du déplacement. Il indique le 8 septembre comme date de naissance de la Mère de Dieu.

---

12 Malheureusement le tableau est détruit lors de l'incendie de 1921 à Lorette
13 « Hic est locus in quo Sacra Domus Nazarena quæ nunc in Recineti partibus colitur »

Les députés de la province désignent seize hommes. Ils sont envoyés à Tersatto et en Terre Sainte pour vérification. À Tersatto, ils s'informent des translations et des miracles. À Nazareth, ils constatent la conformité des fondements, des murailles (longueur, largeur, épaisseur).

Une église commémore l'évènement ainsi que deux plaques. L'une date de la fin du XIIIe siècle, l'autre du XVIe siècle.

La plaque la plus ancienne a disparu au cours de travaux mais nous connaissons cependant son inscription grâce à plusieurs témoins (Don Francesco Lasca, Aurora Moresi, Mirca Moresi…) : « *Ici a fuit après s'être posée notre Dame de Loretta.* »

La deuxième plaque contient l'inscription : « *Dans cette forêt ici se posa la sainte maison de la mère de Dieu pendant 9 mois 1295.* »

Profitant de la forêt des brigands dévalisent et tuent les pèlerins. La maison ne reste pas sur place…

Colline des frères Antici, troisième translation

Le 10 août 1295, la maison est déplacée sur une colline appartenant aux deux frères Antici. Malheureusement les deux frères se querellent concernant les offrandes des pèlerins. La maison est déplacée au bout de 4 mois.

Voie publique, quatrième translation

La nuit du 9 au 10 décembre 1295, la maison est déplacée sur une route proche de Recanati, site de l'église actuelle.

La construction sur une voie publique n'était pas autorisée ! La maison est sans fondation. Un de ses coins se trouve au-dessus du vide constitué pour l'écoulement des eaux. Le sol n'a pas été nettoyé avant l'arrivée de la maison. Un arbuste est écrasé par le mur.

La ville de Recanati envoie aussitôt un ambassadeur au pape Benoît VIII pour lui annoncer l'arrivée de la maison de Nazareth sur son territoire.

Le 10 décembre une liturgie est créée pour commémorer la translation miraculeuse.

Reconnaissance

De nombreux papes reconnaissent la translation miraculeuse de la maison de Nazareth : Clément VIII, Pie IX, Léon XIII, Benoît XV. Clément VIII inscrit l'évènement sur le marbre servant de « coffre » à la maison de Nazareth. Benoît XV fait de Notre-Dame de Lorette la patronne des aviateurs.

La bulle du pape Clément V du 18 juillet 1310 mentionne le pèlerinage en Terre Sainte effectué par le chevalier Charles-Louis de Schevenden. Avant de partir, le chevalier s'est rendu avec son épouse : *« aux pieds de la miraculeuse et divine Vierge Marie de Lorette. »*

Le manuscrit des Heures de Jeanne d'Evreux de 1325 contient une allusion à la translation miraculeuse de la Santa Casa. La Vierge Marie reçoit l'annonce de l'archange Gabriel dans une petite maison soutenue par deux anges ailés qui semblent la soulever et la transporter.

En 1367, le pape Urbain V visite Loreto. Il envoie une image de la translation miraculeuse à Tersatto en Croatie.

Le gouverneur[14] du sanctuaire écrit sur le sanctuaire entre 1460 et 1470. Il précise que la chapelle a été l'habitation et la chambre de l'Annonciation de la Vierge Marie.

Le bienheureux Spagnoli[15], retranscrit pour le préserver, un texte usé gravé sur une tablette sur le mur de la Maison.

La translation de la Santa Casa est connue par l'ouvrage de Jérôme Angelita[16] présenté au pape Clément VII le 19 septembre 1531. L'auteur indique que la Maison a été transportée par des anges de Nazareth à Tersatz, dans la nuit du 9 au 10 mai 1291. De là elle est enlevée le 10 décembre 1294, traverse la mer Adriatique, et vient se poser dans le territoire de Recanati, au milieu d'un bois de lauriers. Le 12 août 1295, nouveau déplacement, elle se retrouve sur le sommet d'une colline appartenant aux deux frères Antici. Le 2 décembre 1295, quatrième translation de la Maison une centaine de mètres plus loin, sur la route qui conduit de Recanati à Porto Recanati.

Jean-Paul II nous dit[17,] lors de l'ouverture de célébration du VIIe

---

14 Pierre-Georges Tolomei de Teramano
15 Carme de Mantoue (1479 ou 1489)
16 Secrétaire perpétuel de la commune de Recanati, auteur de : « Virginis Lauretanae historia »
17 Homélie du 10 décembre 1994 sur le site du Vatican

centenaire[18] de la translation que la « Casa de Nazareth » fut témoin du plus grand mystère de l'histoire. La Maison de Lorette est le premier sanctuaire dédié à la Vierge ayant une portée internationale. Pendant de nombreux siècles, elle est le vrai cœur marial de la chrétienté.

La « Santa Casa », maison de Marie est vénérée à Notre Dame de Lorette sur la colline dominant l'Adriatique. Notre-Dame de Lorette est devenue le sanctuaire le plus populaire d'Italie.

Mystiques
Catherine Emmerich, la maison de Marie à Nazareth.

« Là où était la maison de Marie près d'Ephèse, il y a encore une pierre enfouie sous terre sur laquelle saint Pierre et saint Jean ont dit la messe. Pierre et Jean, toutes les fois qu'ils allaient en Palestine, visitaient aussi la maison de Nazareth, et y offraient le saint sacrifice.

Un autel s'élevait à la place où était le foyer. Une petite armoire, dont Marie avait fait usage, servait de tabernacle, et était placée sur l'autel.

La maison de sainte Anne était dans la campagne, à une demi-lieue, tout au plus, de Nazareth. On pouvait de là, sans exciter l'attention, se rendre par des chemins de traverse dans la maison de Marie et de Joseph à Nazareth, laquelle était située contre une colline. Elle n'était point bâtie dans l'intérieur de la colline, mais sur le revers, et en était séparée par un sentier: il y avait aussi de ce côté une petite fenêtre; mais il y faisait sombre.

La partie postérieure de la maison était triangulaire comme dans la maison d'Ephèse, et dans ce triangle était comprise la chambre à coucher de Marie où avait eu lieu l'annonciation de l'ange.

Cette partie était séparée du reste de la maison par le foyer. C'était, comme à Ephèse, un mur avec des degrés, au milieu duquel passait un conduit pour la fumée allant jusque sous le toit, et terminé par un tuyau saillant au-dessus du toit. À l'extrémité de ce conduit, je vis, à une époque postérieure, deux cloches suspendues.

A droite et à gauche de la cheminée étaient des portes donnant dans la chambre de Marie. Dans le mur où passait le conduit il y avait

---

18 10 décembre 1994

diverses niches où était posée de la vaisselle. La couche de Marie était à droite derrière des cloisons; à gauche se trouvait la petite armoire.

Derrière la cheminée était une poutre de bois de cèdre posée verticalement, à laquelle s'appuyait le mur de la cheminée, et de celle-ci partait une poutre transversale aboutissant à l'encoignure.

L'oratoire de Marie était à gauche : elle s'agenouillait sur un petit escabeau. La fenêtre était du côté opposé.

Les murs en maçonnerie grossière étaient recouverts comme de grandes feuilles devant lesquelles étaient encore suspendues des nattes. En haut le plafond était comme tressé d'écorce d'arbre, et à chaque angle il y avait une étoile ; celle du milieu était la plus grande.

Lorsque Marie alla à Capharnaüm, la maison qu'elle quittait resta décorée avec soin, comme un lieu sanctifié et Marie y allait souvent de Capharnaüm pour visiter le lieu de l'incarnation et y prier. Plus tard on attacha un plus grand nombre d'étoiles au plafond[19]. »

« *Je me souviens que la partie postérieure de la maison avec la cheminée et la petite fenêtre fut transportée en Europe, et il me semble, quand j'y pense, que je vis alors la partie antérieure s'écrouler. Le toit n'était pas haut ni pointu, mais aplati tout autour sur les bords, toutefois de manière qu'on pouvait en faire le tour derrière un rebord: La partie supérieure était plate. Il n'y avait pas de tourelle, mais le conduit pour la fumée et les tuyaux sortaient par en haut et étaient recouverts d'un petit toit. À Lorette, je vis encore plusieurs flambeaux allumés au-dessous. Lors de l'Annonciation, sainte Anne couchait à gauche dans une espèce d'alcôve, près du foyer*[20]. »

3.2.2   Science

Description

« *Cette sainte Maison fut portée par les Anges, séparée de son pavé et de ses fondements, qui restèrent miraculeusement à Nazareth ; à la première arrivée on y trouva une porte, une chambre, une fenêtre, une*

---

19 « Vie d'Anne-Catherine Emmerich » Tome 3 pages 430-431
20 Ibid page 431

armoire, avec l'Autel consacré par saint Pierre ; l'image du saint Crucifix, deux petites cloches, et enfin une figure de la sainte Vierge... »[21].

Murs

Des recherches archéologiques sont entreprises en 1962-1965 sous la direction de Nereo Alfieri. Elles confirment que la maison vient de Palestine.

Les fouilles menées entre 1962 et 1965 montrent, conformément à la tradition, que la Santa Casa n'a pas de fondations propres. Son implantation est au milieu d'une ancienne voie publique romaine. Les maisons de Nazareth s'appuient sur le rocher et n'ont pas besoin de fondations.

Un seul des quatre murs et la voûte sont faits en briques du pays. Les trois autres murs de la maison sont construits en pierre de Nazareth. Ces murs sont noircis par la fumée et le temps. Les trois murs antiques ne dépassent pas trois mètres de haut, et ne reposent sur aucune fondation. Des briques ont été ajoutées pour les exhausser.

La maison en Palestine était accolée à une grotte, elle n'avait donc que trois murs. Les études confirment la continuité de ces murs avec la grotte de l'annonciation conservée grâce à la basilique construite au-dessus. Les trois murs s'élèvent en lit de pierre à une hauteur de trois mètres. Des briques ont été ajoutées ensuite pour rehausser les murs. Le travail des pierres renvoie à la technique des Nabatéens en usage en Galilée au temps de Jésus.

Les murs comportent des pierres plates présentées en forme de poissons avec des cannelures. Cette technique de construction correspond aux Nabatéens, technique utilisée en Palestine au premier siècle.

Dans la maison se trouve un autel appelé « des apôtres » par son ancienneté. Il est constitué de pierres de Palestine, et construit selon la technique Nabatéenne. Il confirme que la maison de Marie est devenue très rapidement un lieu de culte.

L'ouverture de la maison est d'origine sur le mur le plus long.

---

21 Abrégé historique de 1731

L'orientation de la maison est surprenante par rapport aux usages locaux, mais évidente en la rapprochant de la position avec la grotte de Nazareth.

Des fresques du XIVe siècle ornent la partie supérieure de la maison. La partie inférieure n'a jamais été recouverte.

Pierres et mortier

Le professeur Ratti, de l'université de Rome, réalise en 1871 l'analyse chimique de deux pierres provenant de Nazareth, et de deux pierres provenant de Lorette. La composition des pierres est la même, et elle diffère des pierres disponibles aux environs de Lorette.

Le mortier correspond à celui de Nazareth et de ses environs, et date du premier siècle. Ceci confirme que la maison n'a pas été transportée pierre par pierre.

Graffitis et poinçons

Le recteur[22] du sanctuaire, relève des graffitis sur les murs de la Casa. Deux archéologues[23] affirment que ces graffitis sont d'origine palestinienne et judéo-chrétienne. Ces graffitis sont retrouvés sur la maison de la Sainte Famille à Nazareth[24].

Sur les pierres 60 poinçons gravés sont recensés du Ier au IIIe siècle après J. – C. Ils comprennent des symboles de Terre Sainte : croix à deux corps, croix gothique, initiales de Jésus en hébreu…

Une inscription grecque indique Jésus-Christ Fils de Dieu. Elle est conforme à l'inscription retrouvée à l'intérieur de la cave du diacre Conon. Elle comporte en plus deux lettres hébraïques, la lettre « Waw » Puissance de Christ, et la lettre « Lamed » Fils de Dieu.

Objets découverts dans la maison

En mars 1968, un sondage effectué sous la « fenêtre de l'ange » pour prélever du mortier permet de découvrir une cavité. À l'intérieur on

---

22 Père Giuseppe Santarelli
23 Pères Testa et Bagatti du Studium biblicum franciscanum
24 Étude du Père Bagatti

y découvre une monnaie de Ladislas d'Anjou-Durazzo, roi de Naples (1376-1414).

Les fouilles mettent à jour des morceaux de coquille d'œuf d'autruche. L'autruche vit encore en petit nombre près de la mer morte. L'œuf d'autruche est placé comme ornement dans les églises de Palestine. En 1347 Nicolo de Poggibonsi indique que les croisés de Palestine se procurent ces œufs comme symbole de la vie et de l'Incarnation.

Cinq croix en étoffe rouge sont découvertes dissimulées dans les murs. Elles sont petites, la plus grande faisant 5 cm x 4,5 cm. Elles proviennent des croisés donc du XIIe - XIIIe siècle. Les chevaliers des ordres militaires gardaient les Lieux Saints et les reliques.

Les savants trouvent également deux pièces de monnaie de Guillaume de la Roche datées des années 1287 - 1308. Les monnaies ont été placées dans les fondations de l'édifice lors de la première reconstruction selon l'usage. Guillaume Ier fut duc de 1280 à 1287, et son fils Guillaume II de 1287 à 1308. Le grand père de Guillaume Ier, Othon de la Roche avait pris à Constantinople le Linceul de Turin, et l'avait emmené à Athènes en 1204 et 1205, avant de le restituer à Constantinople suite à la pression du Pape.

3.2.3   Témoignage

Témoignage d'Arnaud, lecteur « d'Une Minute avec Marie »

« Durant l'été 2020, à l'occasion du Jubilé de la « Sainte Maison » de Marie à Lorette (Italie), jubilé inauguré le 8 décembre 2019 et prolongé jusqu'en décembre 2021, j'ai eu la chance de faire un court pèlerinage à Notre-Dame de Lorette[25]*. Dans ce haut lieu du mystère de l'Incarnation, il m'a été donné de vivre un moment étonnant.*

À l'heure du déjeuner, il n'y avait plus grand monde dans la Sainte Maison, et j'en profitai pour y rester prier une petite heure en toute tranquillité. Au bout d'une demi-heure, j'entendis un certain brouhaha de l'autre côté de l'entrée. Un jeune garçon était assis sur un

---

25 La Sainte Maison de la Sainte Vierge à Nazareth a été transportée miraculeusement de Nazareth à Lorette en Italie, au XIIIe siècle.

fauteuil roulant et on s'apprêtait à le faire rentrer dans la Sainte Maison. Il s'agitait quelque peu et, de loin, donnait l'impression d'une certaine nervosité.

Au moment où il passa sous la porte, il se mit à hurler et à se débattre comme un forcené. Les cris et la force qu'il dégageait étaient sans commune mesure avec les capacités d'un jeune de son âge. Il s'agissait d'un possédé, accompagné de ses parents, de plusieurs amis musclés et du prêtre exorciste.

L'exorcisme dura une demi-heure et le démon finit par quitter cette âme. Le jeune homme devint calme et son visage, boursouflé par la fureur prit une allure normale.

Je ne rentrerai pas dans la description de ce moment à la fois impressionnant et éprouvant. Simplement, je relèverai le point suivant :
- tant qu'il était dans la basilique, le possédé restait calme ;
- la réaction de fureur est apparue exactement au moment de rentrer dans la Sainte Maison.

La conclusion s'impose d'elle-même et je remercie la Sainte Vierge de ces preuves matérielles qui nous sont données afin de soutenir notre foi si insuffisante. »

3.3 Escalier de Saint Joseph à Santa Fé
3.3.1 Histoire
Venue des sœurs de Lorette

En 1850, le Vicariat du Nouveau-Mexique est créé avec comme premier évêque du diocèse : Mgr Jean Baptiste Lamy. Cet évêque constate la nécessité d'éduquer les filles du Territoire. Il adresse un appel aux ordres pédagogiques catholiques pour ouvrir une école de filles. Les Sœurs de Loretto répondent et envoient six sœurs pour ouvrir l'Académie Loretto. Ayant récemment été sous domination mexicaine, le territoire du Nouveau-Mexique comprend beaucoup de citoyens hispanophones. Les six sœurs apprennent donc la langue espagnole.

Les six sœurs voyagent en fourgon bâché et en bateau à aubes.

Leur voyage débute au mois de mai 1852, dans le Kentucky, sur un vapeur baptisé le "Lady Franklin", qui leur fit remonter le Mississipi jusqu'à Saint Louis. Elles prennent ensuite le « Kansas » de Saint Louis à Indépendance (Missouri), mais en trajet, un grand malheur fond sur la petite communauté. La Supérieure, Mère Mathilde, est terrassée par le choléra et meurt peu après leur arrivée à Indépendance. Deux autres des Sœurs contractèrent aussi la maladie, mais en guérissent. Après plusieurs autres mois de difficultés et de frayeurs, d'essieux et de roues cassés, de journées torrides et d'os blanchis entrevus, ce qui reste du groupe finit par arriver à Santa Fe, Nouveau Mexique, en septembre 1852.

Les Sœurs Madeleine, Catherine, Hilaire et Roberte fondent la communauté. À la requête de Monseigneur Lamy, Sœur Madeleine fut désignée comme supérieure du groupe par la maison mère. C'était une femme résolue, fervente, et la situation à laquelle elle dut faire face avec ses Sœurs était une situation difficile.

Ces sœurs de Lorette étaient de grandes dames, parfaitement pénétrées de l'amour de Dieu, et c'est uniquement cela qui leur permit d'affronter les épreuves de ces premières années. La contrée étant encore rude et mal installée, il n'y avait pas, à leur arrivée, de couvent confortable qui les attendait. À cette époque, la ville de Santa Fe était habitée principalement par des indiens et par des mexicains. Elles vivent tout d'abord, dans une petite maison d'une seule pièce en briques brutes. Santa Fe conserve rues étroites et pittoresques et l'ancienne atmosphère du vieux Santa Fe.

Construction de la chapelle

Monseigneur Lamy a fait venir les sœurs pour qu'elles instruisent les personnes de Santa Fé, aussi elles ouvrent une école dès 1853. Les charpentiers mexicains commencent à travailler pour les sœurs. L'école fut terminée, et on l'appela le Collège de Lorette, de Notre Dame de Lumière.

En 1873, les sœurs commencent la construction d'une chapelle selon les souhaits de Monseigneur Lamy. L'évêque, originaire de France, la veut similaire à la Sainte Chapelle de Paris, c'est-à-dire de style gothique. De fait, elle est la première structure gothique à l'ouest du Mississipi.

Les sœurs font appel à l'architecte français, M Antoine Mouly, constructeur de la cathédrale Saint-François de Santa Fe. Selon les annales des Sœurs pour cette année-là, la chapelle fut commencée le 25 juillet 1873.

Les constructeurs mexicains se remettent à travailler sur la nouvelle bâtisse. Elle serait grande ; plus grande en fait que la plupart les chapelles des missions de cette contrée. Elle doit faire 25 pieds de large (8 mètres environ) 75 pieds de long (23 mètres environ) et 85 pieds de haut (26 mètres environ). Ses contreforts, ses flèches et ses vitraux sont importés de France.

Sœur Madeleine note dans les annales que la construction de la chapelle est placée sous le patronage de Saint Joseph, « *en l'honneur duquel nous recevions chaque mercredi la Sainte Communion afin qu'il nous prête assistance* ». Puis elle ajoute : « *nous avons été témoins de la puissance de son aide en plusieurs occasions* ». Les travaux de construction de la chapelle se réalisent non sans quelques difficultés financières, et de la part des sœurs, avec un maximum de Foi.

Quand la chapelle est terminée en 1878, les sœurs réalisent l'oubli de la construction de l'escalier pour accéder à la tribune de la chorale et malheureusement, l'architecte décède.

Les annales de la communauté nous apprennent que la chapelle Notre Dame de Lumière a été dédicacée le 25 avril 1878.

Erreur de l'architecte

La chapelle en elle-même est magnifique et la tribune pour la chorale ne l'est pas moins. Mais aucune liaison entre les deux n'est prévue ! Il n'y a pas de cage d'escalier, et l'exceptionnelle hauteur de la tribune ne laisse pas la place d'en positionner un ordinaire. Mère Madeleine fait appel à de nombreux charpentiers pour essayer de construire un escalier : mais les uns après les autres, ils prennent les mesures, réfléchissent, puis ils hochent la tête en disant tristement : « c'est infaisable, ma Mère ». Il semble n'y avoir de choix qu'entre deux solutions : mettre une échelle pour atteindre le chœur, ce qui paraît dans tous les cas peu pratique, ou supprimer la tribune. En effet, étant donné la hauteur du grenier et la petite taille de la chapelle, un escalier prend trop de place au sol, réduisant ainsi la capacité en sièges à un niveau inacceptable.

Le mystérieux charpentier

Les Sœurs sont dans « l'impasse » aussi elles décident de faire une neuvaine (neuf jours consécutifs de prière) à Saint Joseph, le saint patron des artisans, pour lui demander une solution.

Le dernier jour de la neuvaine, d'après des témoignages transmis de génération en génération depuis la moitié du XIXe siècle, un homme aux cheveux gris se présente au couvent, avec son âne et sa caisse à outils. L'homme se présente comme étant un charpentier et offre de leur construire l'escalier manquant à la condition qu'on le laisse travailler tranquille et que personne ne vienne le voir.

La Mère donne volontiers son accord, et il se met au travail. Selon la tradition orale, passée par les sœurs présentes à l'époque et aux suivantes, les seuls outils en sa possession sont un marteau, une scie et une équerre en té. Il construit l'escalier en trois mois. L'inconnu disparaît sans laisser de traces à peine son ouvrage terminé, sans même avoir réclamé de récompense pour son travail.

Mère Madeleine se rend alors à la scierie locale pour payer au moins le bois utilisé. Là, personne ne sait quoi que ce soit à ce sujet. Il n'y a, à ce jour, aucune trace, aucun document établissant une commande ou un paiement pour le bois de l'escalier.

Pèlerinage

Certains croient que le charpentier était lui-même Saint-Joseph tandis que d'autres croient que c'était quelqu'un envoyé par Saint-Joseph. Depuis, cet escalier est appelé « Escalier miraculeux » et la chapelle est devenue un site de pèlerinage.

Le mystère du « Miracle de l'Escalier » de Saint Joseph à Santa Fé dure depuis 140 ans et attire plus de 250 000 visiteurs chaque année à la Chapelle de Lorette dans l'état du Nouveau Mexique aux Etats-Unis. Ce qui différencie cette chapelle de toutes les autres, c'est la légende qui veut qu'un miracle y soit survenu lors de la construction de l'escalier qui mène à la tribune de la chorale en 1878.

Mystère de l'identité du charpentier

D'après la tradition, l'énigme de l'identité du menuisier n'a jamais vraiment été élucidée et il n'y a aucun rapport de livraison permettant de percer le mystère la provenance du bois. Pendant ces trois mois, on n'a vu personne entrer ou sortir de la chapelle.

Comme le menuisier a tourné les talons avant que la Mère supérieure ait pu le payer, les sœurs de Lorette décident d'offrir une récompense à quiconque permettrait de l'identifier, mais personne ne s'est jamais présenté. Du coup, la construction de l'escalier est depuis lors attribuée à saint Joseph lui-même !

Le charpentier est mystérieusement disparu sans se faire payer à la fin de son travail. Après avoir recherché l'homme (une annonce a même été publiée dans le journal local) et n'avoir trouvé aucune trace de lui, certains ont conclu qu'il était Saint-Joseph lui-même, étant venu en réponse aux prières des sœurs.

Vue de l'escalier en colimaçon de la chapelle.
(GNU Free Documentation License)

3.3.2   Science

Absence de noyau central

L'escalier en colimaçon laissé par le vieil homme aux sœurs est un chef d'œuvre, aussi magnifique qu'étonnant.

La construction en elle-même est qualifiée d'impossible. Personne ne comprend comment l'escalier peut tenir en place sans avoir un poteau de support central. D'après certains, elle aurait dû s'effondrer dès la première utilisation. Les architectes, ingénieurs et scientifiques ne comprennent pas comment cet escalier de deux tours complets (2 x 360°) sur 6,71 mètres peut s'équilibrer et tenir sans support central.

C'est un escalier colimaçon à noyau creux, il n'y a aucun pilier pour le soutenir, comme la plupart des escaliers circulaires en ont. Cela signifie qu'il est suspendu sans aucun support. Tout son poids repose sur sa première marche. Plusieurs architectes ont avancé qu'il aurait dû s'effondrer sur le sol au moment même où la moindre personne se serait aventurée sur la première marche. Il a cependant été utilisé quotidiennement pendant plus de cent ans.

Perfection de l'escalier

L'une des choses les plus surprenantes à propos de cet escalier, c'est la perfection des courbes des limons. Le bois est raccordé (en menuiserie on dit « enté ») sur les côtés des limons par neuf entures sur l'extérieur, et sept sur l'intérieur. La courbure de chaque pièce est parfaite. Comment cela a-t-il été réalisé dans les années 1870, par un homme travaillant seul, dans un endroit retiré, avec des outils des plus rudimentaires ? Cela n'a jamais été expliqué.

Absence de clou et de colle

L'escalier a été assemblé exclusivement par des chevilles en bois. L'escalier est construit sans aucun clou et sans aucune colle.

Aucune attache au mur

L'escalier a été construit à l'origine sans aucune attache au mur.

Les rampes ont été ajoutées en 1887 en raison de la difficulté de monter les escaliers hauts et effilés sans garde-corps. La même année, la spirale extérieure est attachée au pilier.

Les deux petits supports visibles à l'extérieur reliant les escaliers au mur et au pilier sont ajoutés au milieu du 20e siècle afin de fournir plus de soutien et de protéger l'escalier contre les effets négatifs dus aux vibrations des voitures et des camions qui passent. Malheureusement, plutôt que d'aider l'intégrité structurelle de l'escalier, les supports modernes endommagent les côtés de celui-ci en empêchant le mouvement naturel de printemps de l'escalier pendant son utilisation.

Contre marche

La partie située sous les marches et entre le limon et la crémaillère ressemble maintenant à du bois léger : c'est en réalité du plâtre mélangé à du crin de cheval destiné à donner de la rigidité. Trop nombreux sont les visiteurs à avoir succombé à la tentation de rapporter chez eux un souvenir, et d'avoir pour cela arraché à l'escalier des morceaux de plâtre. En 1952, lorsque les sœurs ont fêté le centenaire de leur arrivée à Santa Fe, elles ont remplacé le plâtre, et l'ont peint de manière à lui donner l'aspect du bois vernis.

Mystère de l'origine du bois

Les experts découvrent que l'essence et le type de bois utilisé dans la construction n'existe pas dans la région.

Les sœurs ont essayé tous les magasins de bois local mais n'ont pas pu trouver de comptes ouverts pour les fournitures de leurs escaliers.

Selon les experts, ce bois au grain dur ne provient pas du Nouveau Mexique. La nature exacte du bois utilisé, et l'endroit où le vieux charpentier se l'est procuré restent un mystère.

Nombre de marches

Et il y a un autre détail qui ajoute à la théorie du miracle… L'escalier a trente-trois marches, l'âge qu'avait le Christ à sa mort.

Bibliographie

Notre-Dame de Guadalupe
https://morenita.mx/index.html
https://fr.aleteia.org/2017/05/27/le-mystere-des-13-images-imprimees-dans-les-yeux-de-notre-dame-de-guadalupe/
https://www.mariedenazareth.com/encyclopedie-mariale/les-appels-dune-mere-apparitions-mariales/les-apparitions-mariales/les-principales-apparitions/guadalupe-mexique-1531/

Notre-Dame de Las Lajas
https://www.facebook.com/1603199726622847/posts/notre-dame-de-las-lajas-colombiela-merveilleuse-histoire-de-notre-dame-de-las-la/2352196255056520/
https://fr.wikipedia.org/wiki/Sanctuaire_de_Las_Lajas
https://lalumierededieu.blogspot.com/2016/04/ipiales-colombie-notre-dame-de-las-lajas.html

Notre-Dame des miracles
https://fr.wikipedia.org/wiki/P%C3%A8lerinage_de_Notre-Dame_des_Miracles_(Saint-Maur-des-Foss%C3%A9s)
Famille chrétienne 16/07/2018, Numéro 2114, par Pauline Quillon
https://lerosairesaintmaur.org/Le-pelerinage-de-Notre-Dame-des

Linceul de Turin
Bibliographie dans le livre
« La Résurrection au risque de la Science » Pierre Milliez

Voile de Manoppello
Bibliographie dans le livre

« La Résurrection au risque de la Science » Pierre Milliez

Christ de Sierck-les-Bains
https://www.lesmysteresdelarenarde.fr/index.php/2020/02/11/visage-de-sierck-les-bains/
https://www.republicain-lorrain.fr/actualite/2012/07/14/les-mysteres-du-christ-de-sierck-les-bains

Feu sacré
https://fr.wikipedia.org/wiki/Feu_sacr%C3%A9_(Saint-S%C3%A9pulcre)

Maison de Marie
Bibliographie dans le livre
« Pièces à conviction du Messie d'Israël » Pierre Milliez

Escalier de saint Joseph
https://fr.wikipedia.org/wiki/Chapelle_Loretto
http://site-catholique.fr/index.php?post/Escalier-miraculeux-de-Saint-Joseph-Santa-F%C3%A9